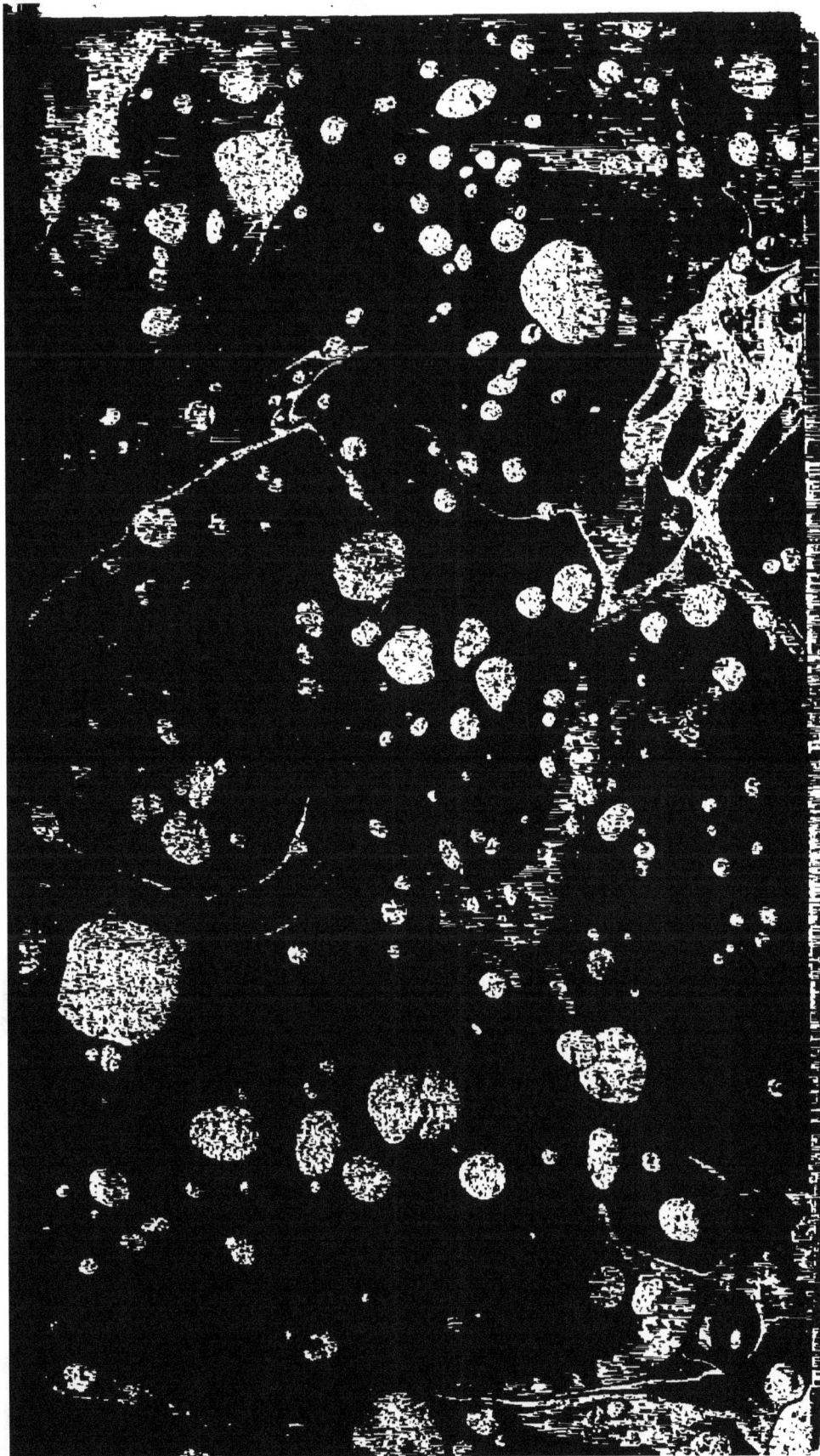

MA

REPUBLIQUE

MA

REPUBLIQUE

Auteur, PLATON.

Éditeur, J. DE SALES;

TOME VIII.

Ouvrage destiné a être

publié,

L'an . M. D. CCC.

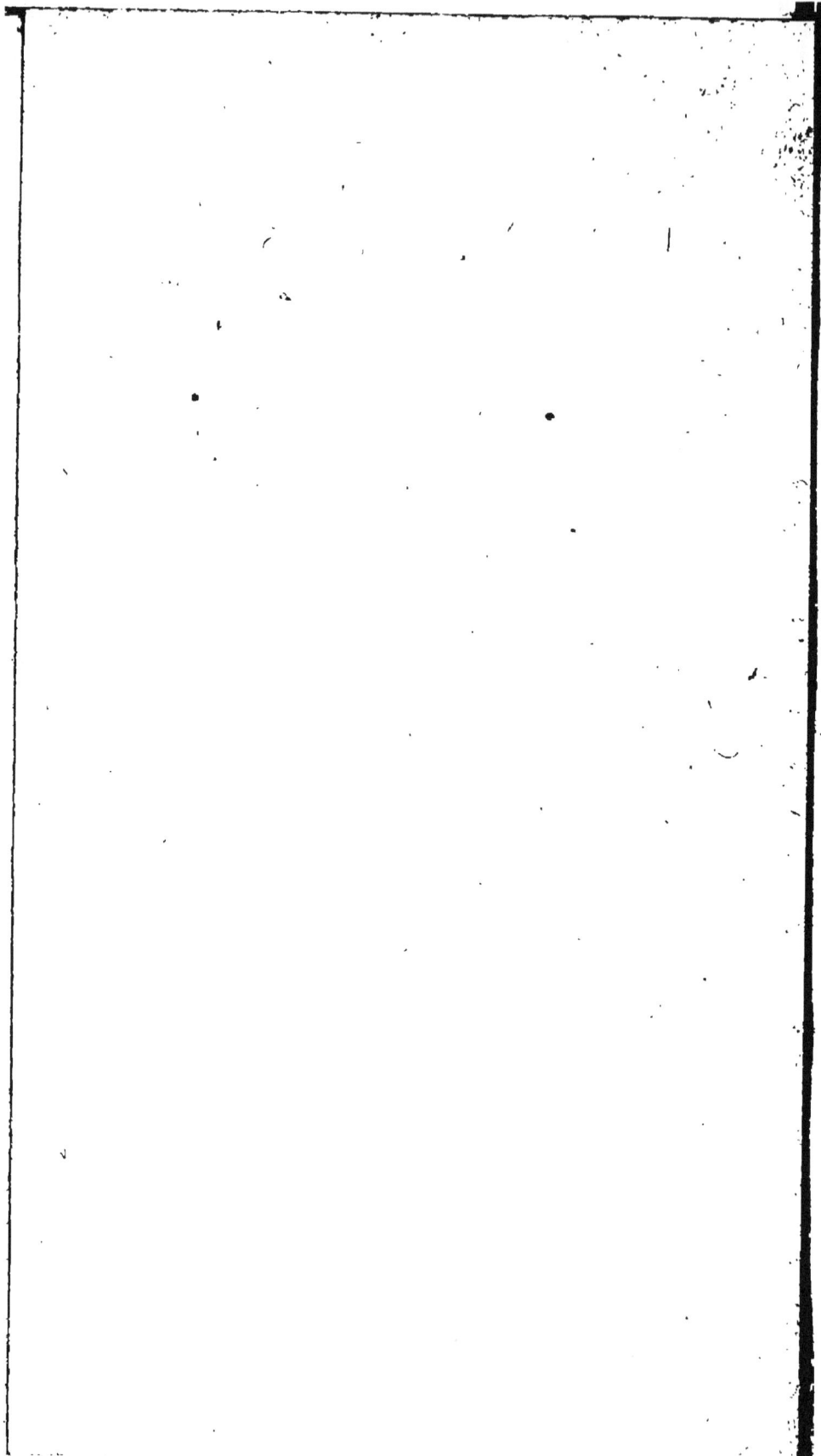

DE L'INSTABILITÉ

DU MEILLEUR

CODE DE LOIX,

QUAND IL N'EST PAS FONDÈ SUR
LA MORALE, ET QUE LES LÈGIS-
LATEURS ONT MANQUÈ DE GÈ-
NÉROSITÈ.

CEPENDANT la scène pathéti-
que du Châtelet faisait un grand
bruit dans la Capitale : on ne s'y
entretenait que de la férocité, a-

Tome VIII.   A

vec laquelle on avait arraché le chevalier sans vie de sa prison, pour le traîner, au milieu des vociférations d'un peuple de Cannibales, dans le chariot découvert, qui devait le conduire avec opprobre à Orléans. Zima, dans l'obscurité de sa retraite, en fut instruite la première : deslors le problème du silence absolu de son héros, s'interpréta au gré de sa sensibilité; elle se persuada aisément, qu'après l'avoir délivrée elle même de sa captivité, il avait été arrêté une seconde fois, et détenu au secret, jusqu'au moment de sa translation. Toute effrayante que lui parût la perspective de la vengeance nationale, qui allait fondre sur sa tête, elle remercia encore les inquisiteurs d'état, de ce que la lente barbarie de leurs formes servait du moins à l'éclairer, sur l'éxistence de leur victime.

Rien ne donne plus à l'imagination une teinte romanesque, que l'effervescence du courage, jointe au délire de l'amour. Zima qui aimait comme Sapho, et qui comme elle sçavait mourir, se persuada qu'avec un peu de génie, et beaucoup d'audace, il lui serait aisé d'enlever le chevalier, sur la route de Paris à Or-

A 2

léans : elle communiqua son plan
aux trois prétendus gardes nationales dont l'intelligence l'avait si
bien servie ; et comme ils s'étaient
vûs récompensés avec une magni-
ficence de Sultane , chacun lui
promit , dans l'éxécution du projet , le zèle et la foi d'un com-
plice.

Une conjuration aussi hardie é-
tait encore trop peu pour cette a-
me aimante: inquiète pour les jours
du chevalier, au moment critique
où se ferait l'explosion , elle voulut elle même les aller protéger.
Elle avait conservé de son ancien
déguisement un manteau d'uni-

forme , qui joint à la finesse de sa taille et à sa grande jeunesse , rendait vraisemblables toutes les métamorphoses de l'enfance. Certaine de n'être pas reconnue , elle sortit de Paris, le lendemain du départ de la brigade , l'atteignit à l'entrée d'une grande forêt qui borde la route d'Orléans , et après avoir renvoyé sa voiture , se précipita seule et a pied sur le grand chemin , en criant du ton du sentiment ; arrêtez , je suis son fils , laissez moi partager son esclavage.

A la vûe d'un enfant échevelé , hors d'haleine , et dont le coura-

ge relevait encore les graces , le
cri de la nature se fit entendre
dans le cœur des satellites , et
malgré le farouche officier de brigade, qui voulait qu'on accélérât
la course des chevaux , ils arrêtè-
rent la voiture : cependant le chevalier , au milieu du tumulte, s'é-
tait retourné pour confondre
l'imposteur qui le nommait son
pere : ses regards rencontrerent
ceux de Zima , et sa voix expira
sur ses lèvres : je suis perdu , dit-
il avec l'accent d'une douleur é-
touffée , quand il vit la Sultane assise a côté de lui ; et des larmes
brûlantes , échappés involontairement de ses yeux , allerent trom-

per encore une fois l'amante généreuse qui le tenait embrassé.

Mais la situation déchirante
de Zima, ne doit pas me faire
perdre de vue l'état déplorable
d'Éponine, de cette héroïne de
la raison et de l'amour, condam-
née par sa sensibilité, a faire son
héros de l'amant que l'infortune
détachait d'elle, et par sa grandeur d'ame a aimer toujours sa
rivale.

Malgré la réunion bienfaisante
des soins de l'laton et du concier-
ge du Châtelet, Éponine avait é-
té très long-tems a reprendre ses

A 4

sens ; revenue a elle même , se
voyant étendue sur un lit qu'elle
avait long-tems occupé , et n'ap-
percevant autour d'elle qu'un
vieillard sensible et un pere qui
lui prodiguait les caresses les plus
touchantes de la nature , elle parut oublier tout a fait la scène
terrible qui l'avait conduite aux
portes de la mort : le sage, enchan-
té de son illusion chercha a la
prolonger : il lui laissa croire que
le poids de la chaleur et du jour a-
vait été la cause de sa faiblesse ,
et après l'avoir fait consentir a
prendre une heure de sommeil ,
pour rendre un peu de ressort à
ses organes, il ferma ses rideaux,

de manière a lui cacher tout à fait l'angle du mur et le secrétaire, dont l'aspect déchirant pouvait rouvrir ses blessures.

Éponine dormit en effet, et d'un sommeil plus serein, que les tempêtes élevées dans son ame ne pouvaient le faire présager. Ces intervalles du calme le plus pur, au milieu des orages de la vie, distinguent essentiellement les combats de l'innocence, des luttes tumultueuses du remords.

Quand le philosophe se fut assuré par la fraicheur du teint de sa fille, par la douceur de sa res-

A 5

piration, qu'un sommeil profond trompait ses ennuis. il se retira dans un coin de l'appartement avec le geolier, qu'il se plut a accabler des épanchements de sa reconnaissance.

Je n'ai fait que ce que vous auriez fait a ma place, dit le vieillard : je trouve si rarement des sages et des héroïnes dans cette prison ! il est vrai que depuis la révolution, ce repaire du brigandage et de la sélératesse, s'est un peu épuré : les Catilina qui font mouvoir le peuple, les comités des recherches qui les servent sans le sçavoir, m'envoyent de

tems en tems de prétendus ennemis de la patrie, qui en font la
gloire : je suis alors tenté de bénir
l'injustice des hommes de sang ,
qui en peuplant mes cachots d'ê-
tres à grand caractère , dont je
puis adoucir la destinée , me rendent moins amers les moments
où la loi me force a tourmenter
ses victimes.——

Homme de bien , non tu n'as
jamais tourmenté personne ; car
les scélérats mêmes ne doivent
être tourmentés que sur l'échaffaut. Au reste je t'arracherai a
un emploi odieux , qui tout anno-
bli qu'il est par ton ame , restera

A 6

long-tems avili aux yeux de l'opinion ; laisse moi dérober ma fille
à ses ennuis , et le chevalier à la
fatalité qui l'obsède ; je n'oublie-
rai point les soins généreux , et
avant de quitter la vie , j'aurai dé-
robé à l'indigence et à l'opprobre
la vertueuse vieillesse.——

Il ne me reste qu'un moyen
de reconnaître vos bienfaits d'u-
ne manière digne de vous, c'est
de les accepter. Mais que parlez
vous de faire des heureux, quand
vous même vous touchez au danger le plus éminent ; quand votre
examen philosophique de la déclaration des droits, est peut-être

en ce moment dans les mains du comité des recherches : quand des perturbateurs du repos public accoutumés a distiller leur poison sur tout ouvrage qui peut les démasquer..,——

Sois tranquille, mon ami, le courage de la vertu est hors des atteintes de ce que j'appelle le courage de la lacheté. Je sçais que tant que mon fragment restera manuscrit, on pourra lui porter dans l'ombre des coups, que la probité confiante ne sçaurait parer : mais au premier éveil des factieux, je ferai imprimer ce monument s pur de mon idolatrie pour la liberté Française, et c'est dans le cœur de tous les citoyens vertueux que les calomniateurs trouveront ma réponse.——

Votre sérénité en impose à ma terreur ; mais permettez moi de vous parler avec franchise ; votre critique sappe notre constitution par sa base. Il n'est donc pas bon, ce Code de loix, acheté au prix de tant de sang humain, qui devait ramener l'age d'or en Europe!——

Ce Code est, comme tous les ouvrages des hommes, marqué au coin de la grandeur et a celui de

la faiblesse : tout ce que les lumières y ont mis est audessus de
tout éloge, tout ce que les arti-
sans des discordes y ont ajouté est
audessous de toute critique. Mais
la marche des siècles épurera
peu à peu cet amas informe de
métaux hétérogènes : de nou-
veaux législateurs auront le courage de placer la Constitution
Française dans le creuset de la
morale, et il n'en sortira que de
l'or sans alliage.

Bon vieillard, tu as reçu de
la nature un entendement sain,
et la solitude où tu vis (car tu es
seul au milieu des scélérats) a

empêché les préjugés vulgaires de la dépraver ; je vais t'ouvrir mon ame toute entière , comme je le faisais dans des tems plus heureux avec le dernier Empereur ; la vérité est faite pour germer dans l'intelligence d'un geolier homme de bien , comme dans celle du premier souverain de l'Europe.

J'ai cru long-tems que la Constitution Française serait immortelle , comme la raison qui en avait préparé les élémens ; l'audace généreuse de l'insurrection Parisienne , le grand caractère que la nation toute entière avait dé-

ployé a l'origine des troubles , les
talents de l'élite des législateurs ,
tout me confirmait dans cet heureux pressentiment ; et encore
dans ce moment même , où la dé-
gradation de tous les pouvoirs
publics m'annonce que je n'ai
peut-être embrassé qu'un phan-
tôme brillant , j'ai peine a m'en
détacher. J'espere toujours que
quelque génie puissant viendra
asseoir sur le roc , un édifice politique , qui , de son coté le plus
beau , menace de se perdre dans
les nuages , et qu'on cessera de
regarder comme des chimères
de perfection impraticables pour
l'espèce humaines, les REPUBLI-

QUES des élèves de Socrate.

C'est dans la persuasion ou je suis, que le germe bienfaisant jetté en France par deux cents ans de lumières, ne se développera pas toujours en fruits empoisonnés de discorde et de mort, qu'après avoir montré le néant de la fameuse déclaration des droits, j'oserai lui en substituer une autre, plus faite soit pour l'homme, soit pour les grandes monarchies, et que je consolerai ma philosophie gémissante, de s'être long-tems appésantie sur le tableau du mal, en lui laissant indiquer la perspective du remède.

Mais, mon ami, pour guérir les blessures d'un corps politique, qui sent encore un sang généreux circuler dans ses veines, il faut avoir le courage de les sonder jusqu'au vif : et c'est d'après cette dureté bienfaisante, que je dirai aux auteurs de la révolution Française, que les deux germes corrupteurs de leur grand ouvrage se trouvent dans l'incohérence de la Constitution avec la morale, et dans leur système réfléchi, de manquer de générosité.

C'est déja un grand préjugé contre les nouvelles loix, que de ne voir pas même le nom de mo-

rale articulé dans la déclaration
fastueuse des droits , tandisque
l'homme, soit dans la société organisée , soit hors d'elle , n'a de
titres au bonheur que par la morale ; tandisque sans cette morale
tutélaire , il n'y a de pacte ni
entre les peuples et les Rois, ni
entre Dieu et le genre humain ,
et parconséquent ni religion ni
gouvernement.

Il en a couté cher à l'assemblée
constituante, d'avoir méconnu ce
principe générateur de toute
bonne législation; car il en a ré-
sulté soit dans ses loix , soit dans
le mouvement qu'elle a imprimé

à la révolution, des erreurs coupables, qu'elle expiera sans doute
un jour par ses remords : l'oubli
de la morale l'a conduite plus
d'une fois a outrager la morale.

Je voudrais ne plus fatiguer
ma pensée, en la ramenant à la
déclaration si injustement célé-
bre, qui sert de préambule à la
nouvelle Constitution ; mais si
le paradoxe de l'égalité des droits
a armé le peuple contre le pouvoir, et relaché en France tous
les liens sociaux, c'est qu'il conduisait tous les hommes sans
principes a outrager la morale.

La morale, pour l'homme d'é-

tat qui voit tout en grand , n'est
autre chose que l'art d'être bien
avec tous les êtres qui ont avec
nous quelque rapport ; d'après
cette définition , bon vieillard ,
examinons ensemble , comment
cet art sublime a pû subir quelqu'atteinte de la part d'un patriotisme , qui n'avait d'autre base que la chimère de l'égalité.

Le peuple de France s'honorait
d'un culte , qui suivant douze
cents ans de préjugés , avait sa tige dans le ciel , et sa racine dans
le cœur de l'homme; les législateurs le lui ont ravi tout d'un
coup , sans avoit tenté aupara-

vant de l'apprivoiser par dégrés avec le culte simple et sublime de la nature ; de là une multitude sans principes , n'ayant plus de point d'appuy pour reposer sa conscience , voyant le néant d'une révélation , sans atteindre au culte du sage qui la remplace , a secoué le joug de la morale , croyant ne déposer que le fardeau importun d'une fausse religion.

Le culte antique de la nation admettait une hyérarchie sacerdotale , vraiment imposante pour le vulgaire , parcequ'elle parlait a la fois aux yeux et a l'entende-

ment : mais le peuple instruit
par la Convention , que le vétement seul distinguait le ministre
de dieu de son adorateur, s'est
cru authorisé a dépouiller le sacerdoce, pour le contempler dans
toute sa nudité ; il a accueilli le
pinceau de l'Aretin, quand il a
traîné dans la fange le roi-pon-
tife de Rome ; il a insulté aux
prélats proscrits et fugitifs , qui
aimaient mieux rester pauvres
que deshonorés : il a attenté aux
mœurs publiques , en frappant de
ses mains impures des vierges sacrées, qui ne pouvaient se défendre
contre tant d'outrages , qu'avec
leur foi , leur pudeur et leur vertu.

Eh

Eh! comment le peuple n'aurait il pas attenté à la morale,
dans son déchaînement indécent
contre le clergé, puisqu'au sein
même de l'assemblée constituante, on accueillait avec transport
cette maxime digne de Machiavel, qu'oter à l'église des biens
qu'elle étalait peut-être avec
trop de faste, c'était la ramener
à son état primitif? comme si, disait un des Démosthènes de Lon-
dres, ce mot odieux signifiait autre chose, dans la bouche des déprédateurs, que la ramener a sa
persécution originelle et a sa pauvreté !

Tome VIII.   B

Si les représentants Français avaient eû quelqu'étincelle du génie de législation , et qu'ils eussent voulu consacrer au bonheur de l'homme quelques principes d'égalité , ils les auraient placés, dans l'unique chapitre qui pouvait les admettre , dans celui qui aurait traité de la morale de l'homme , en rapport avec l'ordonnateur des mondes.

C'est là que les régénérateurs auraient dit, en ranimant un peu le langage austère des loix; car il est permis peut-être d'avoir deux styles , l'un pour la raison des sages , et l'autre pour l'imagination de la multitude.

« Hommes, que la terre entiè-
« re renferme dans son sein, ne
« cherchez vos vrais titres d'é-
« galité, qu'a l'époque où vous
« commencez d'être, et à celle
« ou vous n'êtes plus : si le mo-
« narque superbe, et le plé-
« beyen obscur, naquirent é-
« gaux, c'est qu'ils naquirent a-
« vec un sentiment uniforme de
« leur faiblesse : s'ils meurent é-
« gaux, c'est que, quand l'argile
« de l'homme se décompose, la
« cendre humaine renfermée
« dans un mausolée, n'est pas
« d'une autre nature que la cen-
« dre vile qui git sur la poussiere.

« Avant que les êtres intelligents
« entrent dans le monde social,
« la nature porte également sur
« tous le niveau de la faiblesse :
« quand ils en sortent, c'est la re-
« ligion qui porte sur eux le ni-
« veau de l'éternité.

Il ne serait peut-être pas impossible de pénétrer les sophis-
mes, qui dans l'affaire désastreuse
de la proscription du clergé, ont
pu conduire la Convention nationale à pervertir la morale du
peuple, la seule chose respecta-
ble dans sa religion.

Les lumières , comme l'on

sçait , avaient préparé la régénération de la France ; et l'abus des
lumières, dans des hommes sans
génie, a rendu cette belle révolution, non moins désastreuse que
les crimes du pouvoir arbitraire
dans l'ancien gouvernement ; il
faut l'attribuer en grande partie
à l'inexpérience des demi-philosophes qui composaient la masse de
la Convention nationale : ce sont
eux qui ont imaginé qu'un peuple égaré pendant tant de siècles
par les erreurs sacrées des révé-
lations, pouvait être ramené tout
d'un coup au culte simple et sublime de Socrate. Ils n'ont pas vû
que pour des entendements gros-

B 3

siers, la raison n'était autre chose que l'habitude des préjugés antiques, et que si la philosophie était la religion des hommes éclairés, c'était la plus absurde des religions qui devenait la philosophie de la multitude.

Pour te convaincre encore plus, bon vieillard, combien le philosophisme, je ne dis pas la philosophie, dans les régénérateurs, a contribué a pervertir la morale publique, il faut descendre avec toi, dans quelques détails sur la composition de la Convention nationale. Rien ne donne une plus juste idée de ses opérations, que de se pénétrer de l'esprit dominant qui la fait mouvoir : car dans toute machine politique, on connait les effets, quand on connait le jeu des rouages.

Il s'est trouvé quelques sages, parmi les législateurs, de ces sages que le Portique Grec aurait avoués, joignant au génie qui voit le bien, l'ame forte qui l'éxécute : mais ils étaient en trop petit nombre pour avoir quelqu'influence, excepté peut-être dans les grands dangers de l'état, où l'effroi général forcait tous les partis a se rallier un moment autour des lumières et de la vertu.

Dans les circonstances ordinaires, la Convention était maîtrisée par des hommes, qui avaient moins le génie des Zénon, et des Épictète, que l'art de parler leur langue, et il faut distinguer avec soin deux classes parmi ces demi-philosophes.

Les uns étaient de bonne foi; tels que cette foule de légistes, qui secouaient pour la première fois la poussière du barreau, pour discuter de grandes questions d'état : ces gens de lettres, dont le talent vieilli dans les arts d'a-grément, s'étonnait d'être deve-

nu tout d'un coup patriote : cette fleur du haut-clergé et de la
noblesse , qui malgré les préjugés de corps , s'honorait d'un
commencement de lumières. Il
ne leur a manqué a tous que de
s'être crée des principes , contre
l'éloquence sophistique de leurs
orateurs , d'avoir eu le courage
de maîtriser le cours des événe-
mens , et d'avoir apporté dans
l'aréopage national le génie de
la législation.

Mais il s'était glissé parmi les
régénérateurs , une autre espèce
de demi-philosophes , bien plus
dangereuse , parce qu'ayant été

elle même long-tems victime du
pouvoir absolu , elle semblait
marcher a sa destruction , avec
la double épée du patriotisme et
de la vengeance : parce qu'elle
voilait ses attentats contre la morale , avec cette austérité de
mœurs avec laquelle on mene un
vulgaire imbécille , qui n'a de foi
qu'au masque de la vertu.

J'aurais voulu ne point désigner
une classe d'hommes , par, un
nom que la haine leur a donné ;
mais c'est en ce moment l'unique
moyen de me faire entendre ; et
il faut bien que le mot Janséniste
si célèbre au tems de Paschal ,

et si avili depuis un demi-siècle, échappe de ma bouche.

Depuis long-tems, les Jansénistes, comme des nobles dégradés, ne vivaient plus que de l'antique renommée de Port-royal; mais depuis que la nation n'attachait plus de prix aux pompeuses bagatelles de leur scholastique, depuis qu'en s'acharnant sur les jésuites vaincus, et sur les vrais philosophes qui ne le seront jamais, ils avaient montré tout leur fiel Théologique et toute leur intolérance, l'opinion publique, en leur arrachant le masque de sainteté, avec lequel ils en imposaient a un peuple imbécille, les avait frappé de mort.

Le néant auquel un public éclairé condamne des sectaires, est le plus grand supplice qu'on puisse leur infliger. Les Jansénistes, pour s'y dérober, composèrent adroitement avec le dieu de Quesnel et d'Arnaud, pour qu'il leur fut permis de brûler quelques grains d'encens sur les autels du dieu des philosophes ; et sans s'effrayer du monstrueux assemblage de la théologie et de la raison, ils se montrèrent tout d'un coup les apôtres les plus ardents des lumières, affin d'obtenir

nir un rang parmi les l'gislateurs.

Les Jansénistes. malgré le dis-
crédit de toutes les sectes religieuses, avaient un parti puissant,
qui cabalait dans l'ombre, parmi
les patriarches de la haute robe,
au sein du clergé subalterne. et
surtout dans l'ordre des hommes
de loi; ils employèrent evec tant
de succès leurs machinations clan-
destines, que non seulement ils
se firent donner des places de représentants, mais qu'ils parvin-
rent quelquefois à maîtriser la
masse de l'assemblée, composée,
comme nous l'avons vû, de gens
de bien demi-philosophes.

Tome VIII. C

C'est de l'alliance contre nature du Jansénisme, et de la philosophie, et surtout de la pré-
pondérance du Jansénisme, dans
quelques unes des discussions
majeures de l'assemblée nationale, que sont nées en grande partie les erreurs religieuses du nouveau Code, ses contradictions,
et par contrecoup les crimes dont
s'est souillé, dans la Métropole et
aux Colonies, un peuple sans
frein, a qui on a oté, au nom de
Dieu, son argent et sa morale.

C'est le Janséniste, le plus é-
goïste comme le plus intolérant
des hommes, qui redoutant de

voir ses créances sur le trésor
public engloutis dans sa banque-
route, a conjuré contre le clergé , affin qne la nation enrichie
par ses usurpations , le payât lui
même avec les dépouilles de ses
victimes.

C'est lui, qui dans le repaire de
sa petite église . a fabriqué ce
mensonge audacieux à la liberté et à la religion , qu'on appelle
la Constitution civile du clergé.

C'est lui, qui en imposant aux
prêtres des sermens que la politique et la morale désavouent,
les a placés avec une perfidie in-

C 2

génieuse entre leur conscience et la loi, et ne leur a laissé que l'affreuse alternative d'être patriotes sans honneur, ou de conserver l'honneur sans patrie.

Et si jamais une pareille inquisition égare quelques prêtres réfractaires, si elle allume dans leurs mains coupables les torches du fanatisme, ce Janséniste, implacable dans ses vengeances, voudra, n'en doutons point, les punir des attentats qu'il a fait naître. Il tentera de leur arracher une faible pension alimentaire qui ne nourrit plus que leur désespoir ; et lorsqu'il verra ces infortunés se débattre avec des armes sacrées sous les pieds de leurs oppresseurs , il appellera des bourreaux pour repousser leurs anathêmes.

Tu as connu, bon vieillard , ces Jansénistes , qui ont tant manœuvré pour rendre odieuse la plus belle des révolutions ; ils ont langui assés long-tems dans les prisons, où le despotisme les tenait renfermés , sous le faible ministère de Fleury ,, et par les intrigues d'un fanatique imbécille , qui s'étonnait luimême d'être Évêque de Mirepoix. L'oppression leur a donné un lustre , que

C 3

ne méritaient ni leurs personnes
ni leur cause : nés pour l'oubli,
ils sont faits pour y rentrer, et
dans tout gouvernement sage on
ne s'avisera ni de les persécuter,
ni d'énfaire des législateurs.

La Convention nationale n'a
pas eu besoin de l'intervention
du Jansénisme, pour attenter à la
morale dans la ploscription de
la noblesse : il est certain qu'a-
près la nuit des sacrifices, lorsque
les descendants des anciens Che-
valiers Français , renoncèrent
volontairement à tout privilége
oppresseur, c'était blesser les
mœurs publiques , que de dé-

pouiller ces hommes généreux
de leurs ancêtres, et que si jamais
ces infortunés, ne se sentant plus
le courage vertueux de tout souf-
frir d'une Patrie ingrate , s'ar-
ment pour la vengeance odieuse
des Narsès , les régénérateurs
auront à répondre auprès des siècles, de tout le sang que leur
inexpérience en législation aura
fait répandre.

Et ce n'est pas seulement dans
le Code donné par la Convention, c'est dans la plupart de ses
démarches publiques, qu'on voit
empreint une sorte de dédain réfléchi pour cette morale éternel;

le de l'homme, sans laquelle tout ordre social n'est qu'une grande injure à la raison.

Au commencement de la révolution, lorsque le sage ministre, qui l'avait préparée, revint de son exil, porté dans les bras de la France entière, et qu'entraînant l'hôtel de ville de Paris par sa douce et vertueuse éloquence, il en obtint la liberté du baron de Bézenval, et une amnistie générale en faveur des transfuges. n'a-t-on pas vû les assassins des Berthier, des Launay et des Flesselles, ramener tout à coup les districts de la Capitale à l'idée étrange qu'on avait plus besoin des passions fougueuses du peuple que de sa sensibilité ? et pour comble de calamité publique, la Convention nationale accueillir cette morale des tigres, retirer une grace demandée par le cœur d'un sage au cœur d'un grand peuple, et faire revivre les tables de proscription pour des citoyens qui ne fuyaient pas la patrie, mais ses reverbères et ses bourreaux.

Je ne retrouve point la morale, dans cette foule de serments que les créateurs de la liberté ont exigé de leurs concitoyens, et surtout

C 5

de leurs victimes : c'est d'abord se défier singulièrement de sa cause, que d'y associer sans cesse l'ordonnateur des mondes , pour effrayer par l'intervention de ce garant . ceux qui seraient tentés d'être parjures. Le serment est une des armes favorites du despotisme. et ne devrait se trouver que comme trophée , dans les mains des hommes généreux qui en ont fait la conquête.

D'ailleurs. quelle peut-être l'authorité des serments , dont on entoure une Constitution qui n'est pas faite encore. qui portera sans doute l'empreinte des passions tumultueuse dont la Convention nationale est agitée , où d'après l'inexpérience connue des orateurs qui la maitrisent, le sophisme se trouvera à côté de la vérité, et le machiavélisme de la demi-philosophie , auprès du langage franc et élevé des lumières?

J'ajouterai que ces serments ayant été presque toujours exigés par la terreur , sont de nature lorsque le danger cesse , à appeller le parjure.

Peut-être même que, si on voulait approfondir la théorie bien neuve encore du serment, on

C 6

verrait q' en tant, dans sa signi-
fication élémentaire, que la sauve-
garde d'un contract, il doit,
pour avoir quelque validité, en-
chaîner les hommes qui l'exigent,
comme ceux qui le prêtent ; et
qu'ainsi, lorsque le pouvoir ne jure as de rendre heureux le peuple qu'il vient de subjuguer, le
peuple peut se dispenser de jurer qu'il obéira aveuglément au
pouvoir.

Crois en, bon vieillard, ma
longue expérience : il n'y a que
les chaînes volontaires qui lient
les hommes : toutes les autres se
brisent entre les mains des légis-

lateurs inéptes . qui en veulent
entourer le faisceau mal assorti
de leurs loix. On n'a jamais exigé
de serment des Primitifs Améri-
cains , et jamais ces hommes de
paix n'ont attenté au bonheur de
la patrie : si les régénérateurs de
la France avaient eû l'art de lui
faire aimer sa révolution , le vœu
de la conserver serait dans le
cœur de tous les Français , et on
n'aurait pas besoin. en l'arrachant
de leur bouche , de leur faire l'injure de se défier de leur probité.

Je regarde encore comme une
infraction continue de la morale,
l'insouciance des législateurs pour

ces libelles sans cesse renaissants,
pour ces manufactures périodiques d'impostures et de calom-
nies, qui vont assaillir toutes les
renommées, depuis le thrône jusqu'à l'azile obscur du sage. Tant
qu'une loi vigoureuse ne viendra
pas refréner toutes ces plumes
impures, qui font haïr le patriotisme, quand elles en adoptent le
langage, les mœurs publiques
souffriront plus de la liberté de
la presse, que les victimes de
l'ancien despotisme ne souf-
fraient de son esclavage.

Une philosophie austère ne
trouvera-t-elle pas aussi très im-

morales la plupart des grandes opérations de finances, que l'insurrection Française a fait naître, et dont la Convention ne peut s'énorgueillir, que parce que le ministre Aristide, qu'elle déteste, les regarde comme les seuls résultats qui resteront de ses travaux, dans la mémoire des hommes?

Était-ce aux émules des Numa et des Solon, à triompher de l'invasion des biens du clergé, et des ordres de Chevalerie, sous le prétexte que par cette heureuse audace, on comblait le gouffre de la dette publique? par quel étrange renversement des principes , veut on que tout ce qui est utile à un état qui s'organise soit juste ? assurément si la France en était venue à ce période de perfection philosophique, où elle ne trouverait son intérêt que dans l'harmonie générale des êtres, et dans les loix immuables de l'équité, elle serait déjà toute organisée, et ce serait lui faire la plus cruelle injure que de lui donner des législateurs.

Les finances publiques une fois arrachées des mains des déprédateurs , l'or de la nation n'allant plus s'égarer dans les mains impures des favoris , la

responsabilité des ministres as-
surant désormais aux peuples, que
le prix de leur sang et de leurs
sueurs ne servirait plus aux tyrans a les opprimer , il semblait
dans les mœurs généreuses d'un
grand peuple , d'adoucir le sort
d'une foule d'hommes, anéantis
par la révolution , qui avaient
vieilli dans l'habitude indiscrète
de l'opulence , et que le retour
de l'ordre condamnait désormais
a la plus humiliante pauvreté :
mais la Convention a r poussé
loin d'elle avec dédain toutes ces
idées morales de clémence : elle
a rejetté le plan admirable d'une
caisse de dédommagement, qui lui

avait été tracée par un nouveau
Sully ; et pour ajouter au désespoir de tant d'infortunés qui se
débattaient encore sous le despotisme populaire , elle a placé à
la tête de ses comités de pension,
de ces hommes de bien a la façon
des sectaires , qui par leur regards
farouches provoquent le murmu-
re , dont l'accueil même semble
une ironie insultante , et qui
forts de l'impuissance de leurs
victimes. les tyrannisent sans danger, en parlant de leur probité sévère , et les écrasent au nom de
la vertu.

Je ne trouve rien que d'immoral , dans l'idée de l'assemblée Constituante , de rendre forcée la Contribution patriotique , qui n'aurait jamais été adoptée dans l'origine par l'enthousiasme du civisme , si on ne l'avait annoncée comme volontaire. Mon cœur se révolte , quand pour obtenir le payement de cet impôt formidable , auquel se refusent tantôt l'indigence honteuse , tantôt la mauvaise foi , je vois cette Convention prostituer sa dignité , jusqu'a copier toutes les basses exactions de la rapacité financière , obliger les créanciers de l'état , s'ils veulent obtenir quelques faibles débris de leur antique for-

tune , de s'entourer de formes
inquisitoriales , et faire acheter
ainsi aux citoyens , par des sacrifices cruels dont son orgueil se
joue, le simulacre de leur liberté.

Je regarde encore comme un
attentat contre les mœurs publiques, cet effroyable débordement
de papier-monnaye , qui destiné
à remplacer le numéraire que sa
présence fait disparaître , perdra
peu à peu jusqu'a la moitié de
la valeur que la nation lui impose, doublera, par l'accroissement
du prix des denrées la misère du
peuple , et ne servira qu'a ali-
menter l'hydre effrayante de l'a-

hotage, et a voiler à la multitude
le spectacle hideux de la ban-
queroute.

Le plus grand vice pent-être
du nouveau Code Français, est
d'avoir mis sans cesse les loix a
la place des mœurs : ce qui était
un moyen infaillible, d'arriver
par la chute des mœurs à la décadence des loix.

Philosophe, dit le geolier, votre opinion lumineuse sur l'ins-
tabilité des législations qui n'ont
pas la morale pour base, n'est
pas neuve pour moi ; le baron de Bézenval que je consolais

quelquefois dans cette prison ;
m'a dit souvent que telle était la
théorie du sage Necker , un des
plus grands apôtres des mœurs
qui ait honoré le ministère : l'infortuné avait même mis par écrit
la substance de la doctrine de
son illustre ami sur ce sujet, et
en voici un fragment, transcrit de
la main du chevalier de Villeneuve.

« La morale sert a tout , et
« l'on est bien présomptueux en
« législation , quand on croit
« que l'esprit peut la suppléer.
« La morale est la sagesse des
« siècles : ceux qui la consultent,

« ceux qui la respectent se ran-
« gent autour d'elle, comme au-
« tour d'un fanal dont la flam-
« me brillante est toujours entre-
« tenue.

« La morale des législateurs
« est peut-être la moins restrein-
« te de toutes, parceque dans
« une infinité d'arrangements
« civils, ils sont placés audessus
« des regles ; mais ils ne le sont
« jamais au dessus de la généro-
« sité envers les faibles, au des-
« sus de l'amour de l'ordre, et de
« toutes les vertus primitives.

« Combien n'eut pas été plus

« grande la considération de
« l'assemblée nationale , si d'ac-
« cord avec la morale , elle en eût
« imposé a la France par la hau-
« teur de son caractère et par la
« stabilité de ses principes! elle eut
« alors dirigé tous les esprits sans
« effort : elle eut parù comme
« ombragée par toutes les idées
« de justice et de raison , et pla-
« cée sous ce chêne antique et
« sacré , dont les racines profon-
« des semblent toucher à un au-
« tre monde , et dont toutes les
« branches sont nourries de la
« rosée du ciel , ses décrets tou-
« jours associés a l'esprit de la
« morale , eussent été reçus com-

me

« me des oracles , dans toute l'é-
« tendue de la monarchie.

Le geolier , en allant replacer
le manuscrit dans le sécrétaire ,
entrouvrit involontairement le
rideau du lit, où Éponine reposait;
il ne faut qu'un soufle pour troubler le sommeil léger de l'innocence , et l'héroïne s'éveilla.

A la vue de ce sécrétaire , de
l'angle du mur chargé de devises
cheres à son cœur , contre lequel
il était appuyé , et surtout du silence effrayant de la prison , É-
ponine sentit renaitre tout-à-
coup toutes les idées si touchan-

tes et si douloureuses, qui lui a-
vaient échappé pendant le calme
de ses sens : elle s'élance hors du
lit, et tombant aux genoux du philosophe, mon pere, dit elle avec
l'accent de l'effroi, il m'aime et
il va mourir.

A peine ces mots étaient ils
prononcés, qu'elle apperçut le
geolier qui revenait sur son siége,
après avoir rétabli mais trop tard
le désordre du rideau ; confuse
alors d'avoir eu un témoin du
sentiment le plus secret de son
cœur, elle saisit avec transport
les mains de son pere et en voila
son visage ému, comme pour dé-

rober sa rougeur a des regards
qu'elle croyait faits pour l'humi-
lier. Pudeur céleste, qui purifie
jusqu'a l'égarement des sens, et
dans une ame à la fois neuve et
forte, élève l'amour à la hauteur
de la vertu !

Le sage, les yeux tournés vers
le ciel, semblait implorer son se-
cours, pour concentrer son attendrissement au fond de son cœur ;
pour le geolier, moins maître de
lui même, il laissait couler des
larmes de ses yeux desséchés par
le spectacle continu de l'infortune : mais tous deux gardaient le
silence. La jeune grecque se lève

tout-à-coup, et fixant les deux ê-tres sensibles qui semblaient lui avoir arraché son secret; non, s'écrie-t-elle, l'ascendant qui m'entraîne vers un infortuné qui bientôt ne sera plus, n'est pas de la faiblesse ; je sens qu'on peut aimer sans rougir, l'être vertueux, qui ne tient plus que par un fil a une terre ingrate ; mon délire même m'honore, parce qu'il est tout entier dans mon ame et non dans mes sens. Si la patrie de ce jeune héros avait été juste, comblé d'honneurs et de gloire, il n'aurait peut-être jamais sçu combien il m'était cher, mais je veux le lui apprendre sur l'échaffaut.

Ce beau mouvement de l'éloquence la plus pure ne pouvait manquer son effet. Le sage se lève avec précipitation et serre sa fille dans ses bras vénérables, avec une chaleur qui double en lui les forces de la nature. Le geolier qui croit voir dans l'héroïne une intelligence plus qu'humaine, tombe un genou en terre, les bras étendus, et reste prosterné. J'entens, dit Éponine, vos ames vertueuses répondre à la mienne : fière de votre suffrage, je défierai le ciel et la terre conjurés contre un héros.... mon pere, oui, je le vois, vous m'avés tout accordé, et une froide prudence

D 3

ne vous fera pas retirer le plus
grand des bienfaits que j'attens
de votre tendresse ; volons à Orléans : laissés moi arracher à un
nouveau Socrate la coupe de
cigüe qui peut-être touche déja
à ses lèvres, où la boire avec lui ——

Le sage vit aisément combién la
raison serait faible , auprès d'une
ame yvre d'amour et de vertu ,
et sans chercher à pénétrer à quel
dangers l'entraînait sa condes-
cendance, il fit a la hâte les ap-
prêts de son voyage , qui fut fixé
pour le lendemain.

Éponine , sous prétexte qu'elle

venait de gouter quelques heures de repos, voulut veiller jusqu'au moment du départ : jamais
les heures n'avaient coulé plus
lentement au gré de son impa-
tience : on touchait a ces longs
jours du Solstice d'été, où le soleil
de la veille semble s'unir par un
heureux crépuscule au soleil du
lendemain, et elle se croyait en-
veloppée dans la nuit presqu'é-
ternelle du Cercle Polaire ; enfin
une faible aurore vint, en réveil-
lant la nature, rendre une sorte
de sérénité au cœur de l'héroïne;
une voiture légère reçut le philosophe et sa fille, et les porta en
peu d'heures loin de la Capitale.

Sur le point d'entrer dans un village de peu d'apparence , un tumulte affreux se fit entendre à quelques pas des voyageurs : c'était des soldats d'assés bonne mine , mais égarés par le désespoir , qui , l'imprécation a la bouche et le poignard a la main, menaçaient les jours d'un homme à figure sinistre , se débattant sous leurs pieds , et aimant mieux mordre la poussière qu'ensanglantaient ses blessures , que de descendre a implorer sa grace. Éponine reconnut dans ce malheureux, celui des membres du comité des recherches de Paris , qui avait conjuré avec leplus de lacheté con-

tre la vie de son père ; quelle
jouissance pour l'ame vindicati-
ve d'un Atrée où d'un Coriolan !
L'héroïne, que l'indulgente nature avait pétrie d'un autre argile ,
s'élance de la voiture, arrache l'arme terrible du principal assassin ,
et couvre la victime de son corps,
tandisque le philosophe , qui ne
voyait plus dans son ennemi ,
qu'un homme dont l'infortune
rendait la personne sacrée , plaide
sa cause avec cette éloquence d'a-
bandon, faite pour subjuguer tout
ce qui n'a pas fait divorce avec
la nature.

O vous, que votre sensibilité égare, dit le chef qu'Éponine venait de désarmer, sçavez vous quel est le brigand dangereux dont vous protégez la vie ? c'est un de ces inquisiteurs du comité des recherches. qui, à la honte d'une nation généreuse, compte les services qu'il rend à la Patrie, par l'abondance des larmes qu'il fait couler et du sang qu'il invite à répandre. Enthousiaste atrabilitaire de la liberté, qui semble payé par le despotisme pour faire haïr la révolution qu'il protège avec ses cachots et ses gibets, il a peuplé d'hommes de bien les prisons républicaines. Il tient mon pere innocent garotté de=

puis vingt mois dans les liens d'un décret ; on lui attribue la mort de Favras, et jusqu'aux longues infortunes d'une héroïne du Péloponèse, qu'on nomme Éponine.

Eh bien, mes amis, dit la fille du sage, puisque la force vous a fait vaincre, faites oublier par votre générosité le crime de votre victoire. Osez m'imiter : je pardonne a cet homme cruel , et je suis Éponine.

A ce nom d'Éponine , tout-à-coup la scène change. Un nouveau jour semble luire aux conjurés ; leurs yeux qui étincelaient de rage brillent d'un feu plus doux, et abandonnant de concert leur victime, ils tombent pleins d'admiration aux genoux de sa libératrice. Cependant un peuple immense accourait de toute part, Éponine fit signe aux soldats de se disperser, et avant que le sujet du tumulte put s'éclaircir, elle emmena dans la première hôtellerie, l'inquisiteur sanglant, égaré, et dont l'ame altière s'étonnait de s'ouvrir pour la première fois au remord.

Le philosophe et sa fille, prodiguèrent au blessé soit les discours consolateurs, soit les soins ingénieux

ingénieux de la plus touchante
sensibilité. Heureusement ses
playes, toutes superficielles, n'é-
taient que l'effet de ses efforts, en
se débattant sous les soldats qui le
foulaient aux pieds, et le plus
simple appareil suffit pour en faire disparaître le danger. Jusqu'a
ce moment l'homme de loi, ab-
sorbé dans des pens'es sinistres,
avait gardé un silence f.rouche :
enfin tant de générosité de la part
de deux êtres sublimes dont il a-
vait plusieurs fois juré la mort,
délia sa langue cap ve, et après
avoir balbutié quelques péni-
bles remerc'men's, sa fierté descendit a un entretien

Tome VIII.   E

raisonné avec ses libérateurs.

Philosophe, je te haïssais autrefois, quand tu écrasais de ton mépris le Comité tutélaire des recherches ; et je te hais encore plus en ce moment, où sauvé par tes soins généreux d'une mort cruelle, je suis obligé par reconnaissance de laisser vivre l'ennemi le plus dangereux de ma patrie. —

Eh ! qui t'a dit, homme terrible, que j'étais l'ennemi de cette France que j'ai désiré de voir libre, et dans le sein de laquelle je venais mourir ?

Qui me l'a dit ? tes ménage-
ments pusillanimes pour la race
odieuse des conspirateurs, tes pa-
roles de paix qui tendent à nous
arracher la victoire, le phantô-
me de République que tu nous
traces, et jusqu'à ton humanité,
qui dans des tems moins orageux
serait de la vertu. ——

Insensé ! ne vois tu pas que la
vérité qui te condamne vient de
s'échapper de ta bouche ! si dans
l'origine la Convention Française avait ménagé les droits du ci-
toyen, il n'y aurait point eû de
conspirateur : si la Patrie avait
tendu ses bras tutélaires a des en-

fans égarés , elle n'aurait pas besoin de recourir, pour les soumet-
tre a une victoire sanglante et
incertaine : ma République que
tu proscris eut prévenu peut-être
le fléau de l'anarchie; et malgré les
factions dominantes, elle peut
encore le faire cesser ; l'humanité dont j'ai fait entendre la voix
touchante, au milieu du repaire
des tigres , est antérieure a toutes
les législations ; et malheur aux
gouvernements qui poüraient un
seul moment la rayer du nombre
des vertus !━━

C'est en substituant ce te philosophie doucereuse à la politi-

que mâle et sévère de l'homme d'état, que l'on tue les gouvernemens libres, au moment où ils s'organisent; vieillard, crois moi, je connais a fond la révolution Française, que j'ai vû naître, et dont j'ai été un des mobiles; il n'y a que le charlatanisme Socratique, qui se flatte de guérir avec de l'opium et de l'eau rose, un état cangrené par douze siècles de despotisme; guidé par l'expérience des choses plus sure que celle des livres, j'ai adopté avec les sociétés de constitution les plus justement célèbres, un système plus effrayant de régénération; je ne composerai jamais a-

E 3

vec des préjugés qu'il s'agit d'a-
néantir. La noblesse conjure-t-el-
le contre le nouvel ordre de chose ? il faut l'ensevelir sous les ruines de ses châteaux. Le Clergé
allarme-t-il les consciences timides avec ses mandements réfractaires ? il faut secouer sur sa tête
les torches mêmes du fanatisme.
Un monarque irrésolu trahit il la
constitution qu'il a jurée ? il faut
lui montrer en perspective cette
grande Bretagne , qui condamna
Jacques second à l'exil et fit périr
Charles premier sur un échaffaut.——

Voilà donc la théorie exposée

avec toute la franchise de ce despotisme républicain , qui s'est fait un système de ne régner que sur les ruines dont il s'entoure. Je vais maintenant te faire part de la mienne ; et puisque le machiavélisme populaire a dépravé ton entendement , j'en appelle à ton cœur, s'il est encore sensible , pour me juger : l'unique grace que je sollicite de toi , c'est de m'écouter sans m'interrompre. Si j'ai eu la générosité de te sauver la vie , je ne te demande en retour que celle de te condamner un moment a un silence , qui donnera le tems à la vérité d'éveiller en toi le remord.

E 4

Tu as vû naître l'insurrection
Française, et tu te glorifies d'en
avoir été un des agents ; je suis
loin de te contester ce triomphe
que tu partages avec les assassins
des Foulon et des Flesselle, avec
les hommes de sang qui por-
tèrent aux magistrats le cœur mu-
tilé de l'intendant Berthier, avec
les Cannibales qui demandèrent la
tête de la Reine, dans la nuit affreuse des régicides : mais il ne
suffit pas d'être membre d'un
comité des recherches, pour rai-
sonner sainement sur l'organisation des empires : il faut encore
avoir de la philosophie dans la
tête et de la justice dans le cœur,

et surtout sçavoir remonter aux élèmens primitifs de l'insurrection.

Il n'existe que deux agents pour remonter un état : le pouvoir, c'est-à-dire le ministère de la loi, et la force, c'est-à-dire les bras aveugles de la multitude.

Lorsque le pouvoir abuse, je conçois qu'on peut, dans un moment de crise, le réprimer avec la force ; mais il faut trois circonstances pour justifier aux yeux de la raison ce sommeil effrayant de l'organisation sociale : l'une que ce soit le génie et la vertu

E 5.

qui dirigent l'insurrection, l'autre que l'orage populaire n'éclate qu'un instant, et la dernière que la force n'intervienne, que pour rendre, après le retour de l'ordre, l'énergie et la majesté au pouvoir.

Il est aisé, d'après ces bases, de se faire une idée juste de la révolution française : elle a commencé sous les auspices les plus heureux, parcequ'elle était l'ouvrage des lumières, parceque la nation se contenta quelque tems d'adopter l'attitude calme et fière de la défense, parceque les législateurs ne se croyaient authorisés qu'à capituler avec le pouvoir.

Tout changea de face, lorsque des factieux remplissant les esprits de terreurs, imaginèrent, de substituer a la force raisonnée des exécuteurs de la loi, la force aveugle du peuple qu'ils dirigeaient, de soutenir des décrets avec des comités des recherches et des reverbères, et de conserver un vain simulacre de monarque en abattant la monarchie.

Deslors la plus sainte des insurrections s'est écartée de ses élémens ; l'épée qui ne devait que protéger l'organisation des loix, a elle même tout organisé ; on a été a la liberté par l'anar

L 6

chie ; le Roi a été contraint de se faire peuple et le peuple a eu l'audace de se faire roi.

Veut on maintenant examiner, dans le silence des passions, quel est dans un état qui se régénère le droit de la force, et quelle sera la durée de son ouvrage ? la solution du problême se trouvera pour l'homme droit dans la manière dont il est énoncé.

La force ne constitue point un droit, puisqu'au contraire, dans l'organisation primitive des sociétés. le droit a été établi pour prévenir les attentats de la force, et que ce droit qui par lui même est immuable, changerait de nature, par une force supérieure qui viendrait le détruire.

L'effet de la force est mobile et ephémère comme sa cause. Il en est d'un état que la force organise, comme d'un ressort qu'un corps grave affaisse, en tombant obliquement sur sa surface; l'instant d'après, le ressort comprimé se relève, et bientôt il ne reste plus de traces du phénomène, sinon la détérioration du corps grave, et l'épuisement du ressort.

Les régénérateurs, en faisant sans cesse intervenir le peuple dans leurs querelles avec le pouvoir, semblent avoir multiplié les chûtes des corps graves, pour anéantir l'antique ressort de la France ; ces insurrections mal dirigées n'ont abouti qu'a amener d'autres insurrections en sens contraire : la violence a appellé la violence ; aussi grace a cette inexpérience profonde en législation, l'état qui souffrait d'une blessure invétérée, a souffert encore plus de la férocité des médecins, et deux ans de lutte entre la monarchie qui s'écroulait et la république qu'on élevait imprudemment sur ses ruines, n'ont ervi, en les épuisant toutes deux,

qu'a exposer l'empire sans défense au fléau de la conquête.

Il ne faut point ic. faire l'injure a une grande nation, de supposer qu'elle a permis a ses représentants d'abuser des lumières
qui ont commencé a la régénérer, de la laisser deux ans sous
l'empire désordonné de la force,
de lui oter ses mœurs en lui donnant des loix.

Il est démontré que la majeure
partie de cette nation souffre de
l'alliage monstrueux qu'on a fait,
dans le nouveau Code, du machiavélisme populaire, et de la

raison sublime des philosophes ;
et si, comme je l'entends dire sans
cesse autour de moi , près de
vingt millions de citoyens sont
malheureux de l'anéantissement
de la force publique , du sommeil des loix , de la destruction
du crédit national, des désastres
des colonies , de la misère générale qui appelle le brigandage,
il ne faut pas dire que la France
est toute entière dans cinq millions d'individus, qui existent par
cette désorganisation de tout
gouvernement , sous prétexte
que ces derniers comptent parmi
eux les membres soudoyés des
tribunes, qui commandent les dé-

crets , les sociétés innombrables de Constitution , la plupart des chefs des municipalités , et le grand nombre des volontaires , qui protégent l'ordre nouveau avec des bayonnettes,

Oui je le dirai , même à un membre du comité des recher- ches , qui quelque jour peut m'en punir , la force qui rend un état libre est la plus terrible mais la moins durable des tyran- nies : en me commandant d'une manière absolue , elle me dispen- se d'obéir : en appesantis- sant sur ma tête un joug oppresseur , elle me révèle le secret de la vengeance.

Je ne connais que deux bases solides a tous les gouvernements qu'on crée où qu'on régénère ; l'une de faire aimer les loix nouvelles qu'on impose, d'autre d'épurer son triomphe sur les vaincus par la générosité.

Si, a force de générosité, la Convention avait fait aimer ses institutions nouvelles aux partisans de l'ancien régime, et elle le pouvait sans doute d'après le dévouement sublime de la nuit des sacrifices, que de moments désastreux elle aurait arrachés au régne de l'anarchie ! combien cette politique sage aurait épargné de délits aux oppresseurs et d'erreurs aux victimes !

Supposons les auteurs de la révolution généreux, envers un Roi homme de bien qui a tout fait pour elle : alors l'ordre public renaît avec l'énergie de la puissance exécutrice ; l'histoire n'a point à reprocher à la France sa nuit abominable des régicides, ni l'opprobre rejailli sur elle, de l'évasion d'un souverain aimant et aimé, qui va respirer l'air de la liberté loin de sa capitale.

Qu'on laisse aux ministres des

autels les propriétés dont ils
jouissaient en paix a l'ombre des
Loix, et que la révolution ne frap-
pe sur ces antiques usurpations
sacerdotales, qu'après la mort
des titulaires, alors la France é-
teint sans crime la dette publique
qui l'écrase; on prévient le scan-
dale toujours renaissant du schis-
me entre les deux clergés, on é-
touffe a la fois dans leurs germes
et le fanatisme religieux qui poi-
gnarde au nom du ciel, et le fanatisme politique qui se venge
en égorgeant au nom de la loi.

Que, d'après la renonciation
magnanime des anciens cheva-

liers Français a tout privilège oppresseur, on leur abandonne de
vains titres, inséparables d'une
monarchie, dont l'orgueil peut
encore s'amuser, mais dont le
despotisme ne peut plus se pré-
valoir : que du moins, en exigeant
d'eux une adhésion entière a un
système métaphysique d'égalité,
on les dédommage par quelques
honneurs d'opinion, de la perte
de leurs ancêtres, alors la Patrie
ne perd point ses enfants, l'indigence, le commerce et les arts
ne gémissent pas de l'absence
des grands propriétaires, Rome
ne craint plus que des Coriolans
fassent conjurer l'Europe pour

venir renverser ses murailles.

Sous quelque point de vue qu'on envisage les révolutions des empires, il faut toujours en venir au principe majeur, que la force ne bâtit que sur le sable, et que pour construire sur le roc, elle est obligée de revenir sur ses pas, et de faire entrer, dans les élémens de son édifice, la justice et la générosité.

Eh ! quels puissant intérêt n'avait pas la Convention pour être généreuse ? elle plaidait sa propre cause auprès des générations à naître ; elle invitait à la clémence les vainqueurs qui viendraient détruire son ouvrage.

Car il ne faut pas que les Français s'endorment dans une fausse sérénité ; en vain leur premier élan vers la liberté fut il sublime ; en vain entourerent ils des lumières le berceau de leur révolution, en vain ont ils fait sortir de la nuit profonde de leurs discordes, quelques loix faites pour défier l'éternité, leur Code, tel qu'il est, ne peut soutenir les regards sévères de la raison, et par conséquent braver les atteintes du tems ; les législateurs ont éveillé toutes les haines et toutes les haines viendront fondre sur eux : ils ont fait leur édifice en amoncelant des ruines, et je crains qu'on n'écarte ces ruines mal liées pour faire écrouler l'édifice.

Sans doute l'inexpérience politique, qui a appellé la force pour régenérer un grand empire, l'appellera encore pour le maintenir debout : ou prodiguera les décrets les plus effrayants contre des victimes, a qui on n'a laissé que l'arme terrible du désespoir ; on traitera leurs murmures de délits de lèze-nation, devant les comités des recherches, on les déclarera rebelles et ennemis de la Patrie,

s'ils

s'ils s'égarent , jusqu'a faire intervenir les rois de l'Europe dans
leurs querelles ; alors le sang
des fanatiques de la monarchie ,
et celui des fanatiques de la liberté coulera a torrents : la plus belle
contrée du Continent sera dé-
vastée pour trente générations ,
et les vainqueurs ne régneront
que sur des déserts.

Qu'ils sont insensés ces prétendus hommes d'état , qui s'imaginent dénaturer l'essence de la
politique et de la morale , par les
noms arbitraires qu'ils imposent
a tout ce qui s'écarte de la petite
sphère de leur entendement !

Tome VIII.   F

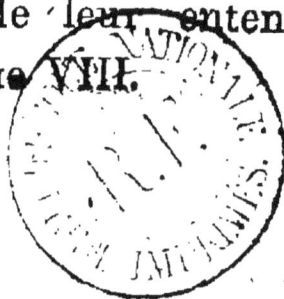

sans doute il y a une grammaire philosophique a l'usage de l'homme de bien , grammaire dont les principes sont invariables comme la nature dont elle émane , mais ce n'est pas au milieu des troubles de l'anarchie, qu'on peut en fixer la nomenclature.

Il existe des crimes de lèze-nation : mais il faut attendre qu'une nation libre dans ses suffrages les ait définis ; en attendant le sage n'ira surement pas chercher l'acception de ce mot terrible, dans le dictionnaire des hautes cours nationales et des comités des recherches.

Le mot de rebelle est fait pour allarmer par tout la tranquille vertu, parcequ'il désigne la résistance au pouvoir : mais quand tout pouvoir est anéanti chés un grand peuple, il est aisé a la multitude de se méprendre sur la nature d'une résistance, et surtout sur sa moralité : lorsque des hommes de deux partis, mais portant également le mot de bien public sur leurs drapeaux, se présentent armés sur un champ de bataille, quelle sera, aux yeux du vulgaire, la ligne de démarcation qui séparera le crime de la révolte, de l'audace généreuse de l'insurrection ?

F 2

On fait retentir là France entière des mots odieux de conjuration : tous les jours les libelles
périodiques en annoncent de
nouvelles dans la capitale ; les
inquisiteurs des recherches en
ont dénoncé cent aux tribunaux,
qui rougissent aujourd'huy d'en
avoir puni une ; mais ce venin de
conjurations, a force de s'étendre,
commence a perdre toute son ac-
tivité : le peuple lui même est instruit maintenant, que quand deux
factions rivales se partagent un
empire , celle qui domine un
moment appelle conjuré tout
ce qui ne se rallie pas autour de
ses drapeaux. Pour l'homme d'é-

tat, il sçait qu'on conjure contre
ses concitoyens toutes les fois
qu'on attente a leur repos , et à
cet égard des décrets oppresseurs
sont à ses yeux des complots bien
plus funestes , que de petites tra-
mes ourdies clandestinement par
des intrigants sans génie et sans
moyens ; il craint bien moins les
séditieux obscurs , que tourmen-
tent les comités des recherches ,
que les Catilina qui de la tribune
où tonne leur éloquence , arra-
chent des loix incendiaires à l'assemblée nationale.

Et cette Patrie, dont le nom
touchant est dans toutes les bou-

ches, mais que selon moi le factieux et le sage ne prononcent
pas de la même façon, a quel signe un peuple aveugle, qui voit
tous les partis prosternés devant
elle, distinguera-t-il l'adorateur
pur, de l'adorateur sacrilège?
son autel ne semble-t-il pas érigé
a Coblentz comme dans le Panthéon de Paris? n'est-ce pas pour
épurer son culte, que la Convention arme les Luckner et les Ro-
chambean, et pour le ramener a
ses premiers éléments, que les
d'Artois et les Condé, vont donner
le signal effrayant de la guerre civile? des philosophes ont
invoqué la patrie, pour le beau

décret de la renonciation de la
France aux conquêtes, et des a-
mes de boue et de sang l'ont invo-
quée aussi en égorgeant les Pasca-
lis, les Flesselles et les Varicourt,
en demandant la tête de la Reine a l'époque de la nuit des régicides.

Il faut dévoiler ici le grand secret, que tout homme qui cherche a s'éclairer tient renfermé
dans son cœur ; c'est que dans
les tems de trouble et de discorde,
ou la voix paisible des lumières
est étouffée, par les clameurs tumultueuses des passions, le succès seul détermine, non de droit,

mais de fait, le juste et l'injuste ;
lui seul, dans le silence de la morale impose a son gré aux actions
des hommes, les noms de crime
où de vertu.

Les états généraux ont profité
de l'ascendant irrésistible des lumières sur l'opinion publique, et
encore plus de l'inertie ministé-
rielle, et de la perversité des
déprédateurs sous l'ancien régime, pour se constituer assemblée
nationale : mais faites régner un
moment ce Louis XIV qui en-
trait dans son parlement un fouet
à la main, ce Cromwel qui menaçait de casser un corps législa

tif, comme la montre fragile qu'il mettait en morceaux, ce Charles XII, qui envoyait a la Suède sa botte pour la gouverner, et nos régénérateurs punis et dispersés ne seront plus, aux yeux de l'Europe, que des factieux sans génie, dont l'historien a droit de flétrir la mémoire.

Mirabeau, fort de la faiblesse de ses ennemis, et heureux dans ses vastes projets, a reçu de l'enthousiasme du peuple les honneurs de l'apothéose ; mais si les derniers ministres de la création du despotisme avaient eu le tems de prévenir l'insurrection Parisienne, sa tête dévouée a l'opprobre serait tombée sur un échaffaut.

Oui, il n'y a que les gouvernemens timides a la fois et destructeurs, (car on craint d'autant plus qu'on ne sçait régner qu'en effrayant), il n'y a dis-je, que les gouvernemens timides et destructeurs, qui dans des tems de troubles prodiguent les noms de rebelles, de conjurés, d'ennemis de la patrie, de criminels de lèze-nation : qui pour se créer des victimes, imaginent des comités de recherches ou de surveillance : qui pour soutenir les loix de sang de Dracon , donnent a un peuple naturellement sensible et bon , les mœurs des Scythes du Caucase.

Jusqu'a ce qu'on ait fixé la langue philosophique , qui doit imprimer des noms odieux sur le front de tous les perturbateurs , l'homme de bien , qui n'est d'aucun parti, trouvera dans son cœur les éléments de ce dictionnaire.

Le rebelle sera pour lui , tout homme qui résistera au pouvoir, ou qui enchainera la force publique, pour faire triompher son despotisme , et ce rebelle , il gémira de le rencontrer encore plus souvent parmi les amis du peuple, que dans la race de ses anciens oppresseurs.

Il appellera du nom de conjuré, tout factieux qui trame dans les ténèbres la subversion de l'harmonie politique, soit qu'il soudoye des soldats pour l'armée des proscrits, soit que du sein des Clubs ou des tribunes, sa bouche impure soufle des décrets oppresseurs, qui vont forcer les provinces de l'état a s'entredétruire.

Persuadé qu'il n'existe une patrie, et une nation amie des lumières

mières , que pour le partisan de la concorde et de la paix , partout où il y aura des hommes incendiaires , il verra des anti-patriotes et des criminels de lèze nation : il en trouvera a la tribune des législateurs , comme dans les conventicules de Worms et de Coblentz , et en moins grand nombre peut-être dans les prisons des hautes cours nationales , que sur les sièges des comités des recherches.

Homme terrible , qui nous as dévoués Éponine et moi a la mort, et a qui , pour prix de t'avoir sauvé la vie , je n'ai imposé

Tome VIII. G

que la loi d'entendre la vérité,
je vois au sombre feu de tes regards, a tes murmures sourds
qui vont expirer sur tes lèvres,
que tu t'irrites de la durée de ton
supplice ; encore un moment,
et ma vengeance est a son terme,
et il te sera libre de proscrire, à
l'ombre des loix que ton inexpérience coupable fait parler, la tête de tes libérateurs.

Je t'annonce que quand même
les mœurs naturellement douces
et généreuses de la France, le
besoin impérieux de se soustraire
a l'anarchie, ne repousseraient
pas a la longue le systéme infer-

nal que la force seule doit régénérer les empires, il s'écroulerait
de lui même, parceque les principes sur lesquels il repose, et
que ta férocité semble avoir
pressentis, ont échappé a l'inexpérience des chefs sans caractère
de la révolution.

La force, comme le despotisme
populaire, doit marcher en exterminant tout ce quelle rencontre, jusqu'a ce qu'elle se voye
seule dans une immense solitude; si elle ménage une seule tête, ses conquêtes terribles dispa-
raissent, et son règne est passé.

Il en coutera cher aux législa-

G 2

teurs sans génie qui en régéné-
rant la France, ont voulu faire
concourir la force avec les lumières, de n'avoir pas été conséquents
dans leurs idées d'audace ; ils ont
laissé vivre les infortunés qu'ils
dépouillaient , et ils les verront
s'armer du fer pour recouvrer
leur or : ils ont respecté quelques débris de l'ancien trône ,
et ces débris accumulés contre
les murs du temple de la liberté,
feront écrouler le monument.

Genseric , Attila , Pizarre et
Cortez , avaient bien plus de lo-
gique que les demi-tyrans de
Paris , du Comtat et des Colo-

nies ; ces conquérants ne muti-
laient point les hommes , ils les
égorgeaient : ils prévenaient les
vengeances , en exterminant toutes leurs victimes.

Les Jansénistes , qui ont donné au clergé sa Constitution civile et ses serments , n'ont appe-
santi qu'a moitié sur lui leur
sceptre de fer , et ils se sont par
là enlassés dans leurs propres
piéges. Tant qu'il existera une
société de ministres du culte Ro-
main, reconnue par la nation ,
et salariée par elle, envain l'aura-
t-on composée d'ennemis terribles , c'est-à-dire de prêtres as-

G 3

sermentés et de prêtres réfractaires , en vertu de l'esprit de
corps qui ne meurt jamais , elle
tendra toujours plus a se réunir
a Rome qui fait sa gloire , qu'a
la France qui la déchire ; ainsi
les deux factions du sacerdoce ;
divisées entre elles , se ligueront
ensemble pour conjurer contre
le Jansénisme et le nouveau Code de législation , jusqu'a ce
qu'ils soyent anéantis. Eh ! voyés
comme la force s'aveugle, quand
elle compose avec les malheureux qu'elle opprime ! la raison
disait aux prétendus régénérateurs du clergé : respectés les
individus , et frappés le corps ,

et ils ont respecté le corps et
frappé les individus ; l'intérêt
personnel , bien plus puissant
auprès des despotes , leur criait :
la haine sacerdotale ne pardonne
jamais ; ne laissez donc aux ministres des autels que l'alternative du serment où de l'échaffaut;
et en leur accordant une vie em-
poisonnée par l'opprobre et par
l'indigence , ils n'ont pas vû que
ces Samsons dégradés ébranle-
raient les colonnes du temple de
la patrie , pour y périr avec leurs
persécuteurs.

Le défi terrible fait a la noblesse de France devait , dans la

G 4

théorie sanglante des Cromwel populaires, être un combat a mort : il fallait ôter a jamais toute espérance de postérité à l'homme qui avait des ancêtres, où le crime de les dépouiller cessait d'être utile ; il fallait exterminer sur leurs foyers les Lorraine, les Rohan et les Montmorency, où leur proscription, qui ne tendait qu'a armer pour la cause commune la noblesse de l'Europe entière, était un poignard a double tranchant, qui réagissait sur les vainqueurs après avoir agi sur les victimes.

Les opérations de la force ;

pour conserver le simulacre d'un trône avili et impuissant, décèlent également la mauvaise dialectique de ceux qui ont voulu être les Dracon de la France : tout me persuade qu'on frappait bien plus surement le but, en anéantissant la monarchie, qu'en la laissant subsister dégradée: il est vrai que ce trait féroce de génie en amenait nécessairement un autre ; il fallait pour prévenir la ligue vengeresse des Rois, s'armer contre eux tous, et de victoire en victoire, comme de régicide en régicide, addosser les derniers souverains aux limites du monde, pour qu'il n'y eut plus que des

G 5

républiques, de l'Islande a la Chine, et de la Sibérie aux terres Australes.

Telle est la vraie théorie d'une révolution fondée sur la force, la théorie des Cyrus, des Sésostris et de tous ces brigands couronnés, qui ont été célèbres, dans ces tems de démence, qu'une histoire perverse appelle des siècles héroïques : celle des chefs de ces hordes de Huns, de Vandales et de Wisigots, qui vinrent dans le moyen age punir Rome de sept cents ans de crimes et d'exploits : celle enfin de ces farouches conquérants Espagnols, qui firent

disparaitre douze millions d'hommes de la surface du nouveau
monde ; ils furent tous conséquents dans la morale atroce
qu'ils s'étaient créée, et ils durent
ces succès brillants dont la postérité rougit pour leur mémoire,
a leur logique encore plus qu'a
leur courage.

Mais il s'en faut bien que telle
ait été aussi la théorie de la Convention Française. Née, avec les
lumières qui rendent les mœurs
douces, entourée des rayons d'u.
ne philosophie bienfaisante , la
seule dont les bonnes législations
s'honorent , elle s'est bien gardée

G 6

de se roidir contre l'opinion publique, en adoptant le systême
des Machiavel et des Attila, dans
toute son intégrité ; il faut même
le dire à l'éloge de cette Convention, dont les hommes de bien
composent la majorité ; si elle a
authorisé quelquefois la lutte du
peuple contre le pouvoir, il ne
faut pas l'attribuer a une perversité de morale, dont l'élite d'une
grande nation est incapable, mais
seulement a une défiance injuste
de ses triomphes, sur le despotisme qu'elle voulait abbattre. C'est
la conscience de sa faiblesse qui
l'a égarée au poins d'invoquer la
force. Elle s'est laissée entrainer

aux succès de l'audace, parce-
quelle n'osait compter sur les
succès de la sagesse.

De là le système moyen qu'elle a
adopté de n'être ni généreuse,
ni barbare envers les ennemis
qu'elle s'est créés ; de frapper a-
vec des loix iniques les victimes
qu'elle dépouille , sans songer a
étouffer leurs murmures en les
frappant avec l'épée : de donner
une patrie a un grand peuple , en
concentrant au milieu de lui le
foyer d'une guerre , dont rien ne
peut fixer la durée ni affaiblir
les désastres.

Ce système moyen est le coup

le plus mortel qu'on puisse porter a une législation naissante :
il fallait que la Convention eut
du caractère, et elle en aurait imprimé le sceau éternel sur son
ouvrage ; si elle avait été juste et
généreuse , les siècles seraient
venus se briser contre ses institutions sublimes ; si en faisant é-
tinceler le glaive de la tyrannie
sur ses ennemis, elle en avait jetté au loin le fourreau , elle régne-
rait tranquille sur la France dé-
serte, comme des Scythes, qui ont
juré de n'épargner personne , sur
les cadavres qui hérissent un
champ de bataille.

Pour toi, homme impitoyable, je te rens une justice dont ton a-âme altière doit s'énorgueillir. Tu es moins philosophe sans doute que les législateurs Français, mais tu es plus conséquent ; convaincu par ton athéisme moral, qu'il n'y a de bonne révolution, que celle qui sacrifie les hommes aux loix, tu répéterais volontiers le blasphême célèbre de Caligula: tu demanderais au ciel que tous les ennemis de la Constitution n'eussent qu'une seule tête, pour l'abbattre d'un seul coup ; je ne t'importunerai pas davantage par le spectacle d'une vérité qui t'offense plus qu'elle ne t'éclaire ;

je te délivre de la présence odieuse de deux êtres, qui ont tenté
vainement de faire de toi un
homme ; tu peux continuer a me
poursuivre au comité des recherches, a trainer le chevalier
de Villeneuve à l'échaffaut, et
a faire mourir ainsi doublement
la sensible et vertueuse Éponine.

L'héroïne remontée en voiture ne put s'empêcher de témoi-
gner à son pere quelqu'étonne-
ment, sur le contraste de ses terribles adieux à l'inquisiteur des
recherches, avec les discours
consolateurs qu'il lui tenait
quand il pansait ses blessures.

Ma fille, dit le vieillard, j'ai vû deux hommes dans cet inquisiteur, mon égal qui allait périr, et le fléau de ses concitoyens qui revivait pour les tyranniser : mon cœur seul a parlé au premier ; quant à l'autre, lorsque j'ai reconnu que son entendement perverti repoussait toute idée de morale, j'ai crû devoir l'épouvante par les suites effrayantes de son systême, et le foudroyer, pour ainsi dire, avec les armes de la tolérance et de la raison.

Peut-être qu'en offrant à cet homme farouche la perspective sinistre des malheurs, qu'entrai-

ne le délit de s'être écarté des bases philosophiques d'une révolution, j'ai un peu trop chargé les
teintes du tableau, mais il est des
ames de bronze qu'on ne remue
qu'avec des secousses violentes ;
si un jour doux suffit pour intro-
duire la vérité dans l'entendement de mon Éponine, il faut un
coup de tonnerre pour éveiller
le remord dans le cœur d'un
membre des recherches.

Oui , fille céleste , malgré les
oracles terribles qu'on vient de
m'arracher, un sentiment conso-
lateur, que ma raison défiante ne
peut étouffer, m'annonce que le

grand bienfait de l'insurrection Parisienne n'est pas perdu, qu'on n'aura pas envain retiré un grand peuple de son antique léthargie, et que la France achevera un jour d'être le modèle de l'Europe, en ne conservant que ce qui est digne de Zénon et de Socrate, dans sa nouvelle législation.

Peut-être même que mes faiblesm ains, si les hommes vertueux m'encouragent, concourront a ériger ce beau monument; et moi aussi je suis législateur, dirai-je en me rappeilant le beau mouvement de fierté du Corrège!

et moi aussi , je puis refaire une
Constitution a la France , lorsque
peut-être j'en ai acquis le droit ,
par trente ans de recherches sur
la morale , par une haine innée
contre toute espèce de tyrannie ,
par un enthousiasme réfléchi pour
l'ordre et pour la vertu ! —

Éponine , pendant cet entretien, avait toujours les yeux fixés
sur le poignard, qu'elle avait arraché au chef des conjurés ; le fini
de l'acier qui en composait la garde , l'éclat de la lame, l'occupaient
tour à tour ; c'est un trophée de
ma victoire , disait elle en sou-
riant , et il m'est d'autant plus

cher, qu'il n'a couté de sang a personne. Pourquoi, mon pere, faut
il qu'il y ait des trophées d'un
autre genre, dans cette révolution Française qui ne devait s'o-
pérer que par les lumières?

Le sage, en examinant à son
tour le poignard, pressentit
un ressort secret sous un bouton
presque imperceptible; son doigt
le presse, la méchanique joue,
et il lit, à la naissance de la lame,
ces mots gravés : ANTOINETTE, IL
EST DESTINÈ POUR TOI. Cette dé-
couverte effroyable glace les
sens de la fille et du pere : ils re-
poussent le ressort avec vivacité,

et gardent pendant quelpue tems ce silence de la stupeur, que commanderait à un homme civilisé la vûe d'un repas d'antropophages.

Cependant la voiture du philosophe avait déja franchi une partie de la forêt, qui borde la grande route du côté d'Orléans. Éponine dont la vûe physique était non moins perçante que celle de son entendement, apperçut de loin, sur la lisière du bois, un jeune homme enchaîné, au pied d'un arbre, qui, les bras tendus vers le ciel, semblait demander la vie à un assassin : elle descend à l'instant avec son pere, s'approche en silence du lieu de la scène, et se voit sur le point de mourir de son effroi, quand elle reconnait dans le jeune infortuné le chevalier de Villeneuve.

Il s'était passé de grands évènements dans cette forêt, depuis que Zima avait conspiré, pour arracher son héros aux cours nationales et aux comités des recherches. Pendant que la jeune Sultane, presque dans ses bras, lui prodiguait le doux nom de pere, et cherchait par ce mensonge ingénieux de l'amour, a réchauffer sa vertueuse indifférence, tout-à-coup plusieurs hommes masqués se présentent devant la voiture, blessent les chevaux, et menacent de la mort les soldats de la brigade, s'ils tentent la plus légère résistance ; à l'instant, à un signe d'intelligence de Zima avec les conjurés, le chevalier qui la devine s'élance à terre, et malgré le poids de ses chaînes, se jette avec elle dans l'épaisseur du bois, jusqu'a ce qu'il se croye hors de la portée et de ses gardes et de leurs vainqueurs.

Malheureusement le chef de la brigade côtoyait a pied l'autre côté du bois, lorsque cette scè-ne

ne arriva : trop clairvoyant, pour
ne pas soupçonner, qu'étant l'a-
me de ses soldats, le moindre
mouvement de sa part mettait sa
vie en péril, il prit un détour
pour traverser la grande route;
et suivant de l'œil le chevalier,
dans les routes inconnnes qu'il
se frayait, yvre de fureur et de
vengeance, il jura s'il ne pouvait
ramener son prisonnier vivant
devant la haute cour nationale,
de lui apporter du moins sa tête.
Ainsi raisonnent, dans le serrail
de Constantinople, les satellites
dn despotisme Ottoman, et on ne
s'attend pas à retrouver cette logique infernale dans la bouche

des fondateurs subalternes des
républiques.

Le chevalier, malgré le besoin
impérieux de se dérober par une
prompte fuite au danger qui le
menaçait, n'avait pu a cause des
chaines pesantes dont ses mains
étaient embarassées, s'écarter
beaucoup dans la forêt. En vain
la sensible Zima, armée au dé-
faut de fer de pierres tranchantes,
avait tenté de les briser.; envain,
convaincue de l'inutilité de ses
efforts, sa tendresse ingénieuse
lui avait suggéré de soulever pendant la marche une partie des
haines, pour en alléger le far-

deau, l'infortuné, haletant de
fatigue, inondé de sueur, et d'ailleurs épuisé soit par le poids du
jour, soit par les combats inté-
rieurs qui l'agitaient, venait de
s'asseoir au pied d'un arbre,
quand le farouche officier de
brigade, paraissant, un coutelas
à la main, ouvrit une bouche é-
cumante de rage, pour ne pro-
férer que ces mots terribles : SUIS
MOI OU MEURS.

Le chevalier accablé du poids de
ses fers, et a moitié évanoui, était
hors d'état soit de marcher, soit
de se défendre ; Zima éperdue
n'avait a opposer à un tigre que

H 2

les armes impuissantes de la priere et des.pleurs, et les deux victimes se croyaient abandonnées du ciel et de la terre, lors qu'Éponine tenta de justifier la providence.

Éponine n'était descendue dans la forêt qu'au moment terrible, ou le coutelas était levè sur la tête du chevalier ; elle se précipitait avec son pere vers le lieu de la scène, mais la vieillesse rendant pénible la course du philosophe, elle tremblait d'être destinée moins a empécher le crime qu'a le punir. En effet, quoi qu'il y eut a peine deux cents pas entre elle et son héros , c'était , dans un danger aussi éminent, un intervalle immense , que son ame ardente seule pouvait franchir ; et ce qui ajoutait encore a son effroy , un vent impétueux, qui, en soufflant devant son visage , retardait la rapidité de sa marche , apportait à son oreille les menaces de l'effroyable satellite des inquisiteurs et ses blasphêmes.

Je dois, disait le Cannibale, une victime a la révolution ; il faut qu'elle périsse de ma main , où sur l'échaffaut——

Arrête , s'écriait Zima , mon

pere n'a point conjuré contre la
haute cour nationale ; c'est moi
qui ai voulu le dérober, a son in-
sçu , a l'opprobre du supplice. Si
tu es juste , ne prens que ma vie ,
la vie d'un fils tremblant et éper-
du , qui veut mourir pour son pere , et qui serre de ses mains pal-
pit ntes les genoux de son assassin———

Mon cœur est mort a la nature:
je ne fus jamais pere.... qu'il marche , où qu'il meure———

Eh ! comment l'infortuné mar-
cherait il ?... vois son œil s'étein-
dre , sa voix expirer sur ses lèvres

entrouvertes, la pâleur de la mort obscurcir son visage... s'il ne peut te suivre, la patrie, qui t'en a confié la garde, t'a-t-elle chargé de l'assassiner ? —

Il n'y a point d'assassinat, pour qui sert la Patrie. Moi même, dépositaire de la force publique, je brûlais, la nuit du cinq octobre, d'assassiner une Reine proscrite par ses peuples : et je me glorifiais de devenir ainsi le Scévola de la France : et j'avais fait graver ce vœu terrible sur la lame d'un poignard, qu'un soldat m'a enlevé... et qu'ici je regrette —

Éponine entendit ces mots ef-

froyables. Mon pere , dit elle
d'une voix étouffée , voilà le
monstre , et je tiens son poignard— en même tems , elle se
dégage du vieillard dont elle sou-
tenait le bras , et s'élance , avec
la légèreté d'Atalante , vers la victime dont le fanatisme de la liberté conjurait à la mort.

Il allait s'éxécuter en effet ce
meurtre affreux , qui dévouait a
un deuil éternel le cœur aimant
d'Éponine ; déjà le coutelas était
levé , et Zima, a qui il ne restait
plus d'espoir d'adoucir un tigre
qui avait abjuré l'homme , l'œil
fixé sur le fer étincelant , atten-

dait qu'il descendit sur le chevalier, pour le diriger sur elle même. L'attente cruelle ne fut pas
de longue durée ; le scélérat fit
un mouvement, et la sultane, avec
la rapidité de l'éclair , se précipita sur son héros, pour le couvrir
de son corps ; mais dans l'effort
violent qu'elle fit, en étendant le
bras, pour détourner la pointe du
coutelas , les côtés de son manteau d'uniforme se séparèrent ,
le faible tissu de sa veste se rompit, dans son extrémité supérieure,
et un des charmes les plus tou-
chants du sexe qu'elle cachait ,
s'offrit à la lumière.

Les arts mêmes, qui embellissent tout, ne se font pas d'idée du sein naissant d'une Grecque, que l'amour a arrondi, pour palpiter un jour en secret devant l'époux que son cœur appelle : celui de Zima, dont l'albâtre était coloré par la pudeur, aurait créé des sens a un rocher : mais ce n'est pas dans un tableau, où les furies sont a l'avant-scène, qu'il faut emprunter le pinceau voluptueux de l'Albane.

Éponine, a la vûe de ce sein, supérieur a celui de la Vénus de Médicis, et que le sien seul égalait peut-être, devina l'héroïsme

de Zima ; et cet être sublime ,
qui ne cédait a l'amour, que parceque sa grande ame le croyait
sans faiblasse , redoubla de ce
moment l'impétuosité de sa course , affin de sauver à la fois , s'il
était possible , et son amant et sa
rivale.

Le tableau de Zima, a demi-nue
et qui, toute entière a sa terreur,
ne s'appercevait pas du désordre
de ses vêtements , ne fut pas plus
perdu pour le chef de brigade
que pour la généreuse Éponine :
mais au lieu d'inspirer des remords au Cannibale, il ne fit qu'al-
lumer dans ses sens d'effroyables

desirs; convaincu, de ce moment, que le fils du chevalier n'était que son amante, il se hâta de poignarder l'infortuné, affin de violer sans danger la beauté éperdue et mourante, sur le cadavre de sa victime.

Ici ma plume tremblante échappe de ma main ; tout simple historien que je suis, j'erre dans la forêt, j'appelle d'une voix égarée Éponine, je lui montre mais envain la distance qui la sépare encore du monstre, que le ciel et la terre lui ordonnent de frapper.

Mon pressentiment sinistre se justifie

justifie. Le coutelas en tombant
ne s'est point égaré : il était dirigé vers le cœur de l'amant d'É-
ponine ; Zima n'a que le tems de
présenter à la pointe du fer , sa
main généreuse , et cette main ,
percée de part en part, reste fixée
sur le sein malheureux qu'elle
protège vainement ; à l'instant
des flots de sang coulent des deux
blessures , la Sultane jette un cri
de douleur , et le chevalier re-
vient à la vie.

L'exécrable assassin se prépa-
rait de nouveau a frapper : l'ar-
deur de jouir précipitait les élans
de sa férocité : mais tandis qu'il se

Tome VIII.   I

croyait seul dans la nature, le dieu de l'innocence était là ; au moment ou le coutelas doublement ensanglanté se levait sur le chevalier, Éponine enfonce son poignard tout entier dans la gorge du monstre : celui-ci rugit, comme un tigre a qui on arrache sa proye , il reconnait l'instrument horrible qu'il destinait a percer sa souveraine , et va expirer en blasphèmant , aux pieds d'Éponine.

Quand le sage arriva , le ciel était déja vengé ; il trouva sa fille entre le chevalier et Zima , qui, malgré leurs blessures douloureu-

rcuses, s'étaient trainés tout san-
glants à ses genoux, pour les em-
brasser ; l'héroïne, dans une situation aussi déchirante, aurait
rougi de jouir de son triomphe,
elle était trop vivement préocu-
pée du péril des deux infortunés,
pour songer que l'un lui devait
l'honneur et l'autre peut-être la
vie.

Le premier mouvement d'É-
ponine fut de panser la blessure
du chevalier, qui, quoique
moins profonde, devait être par
le voisinage du cœur infiniment
plus dangereuse ; mais lorsqu'en
écartant le vétement ensanglanté,

I 2

elle eut découvert les belles formes de l'adolescence, lors qu'elle vit des yeux ardents de sensibilité se fixer sur les siens, lorsque sa main tremblante, en ap-
prochant d'un cœur où elle ré-
gnait, le sentit palpiter avec plus
de force, une douce pudeur qui
vint colorer ses joues l'avertit du
péril qu'elle courait, a se livrer
aux touchantes émotions de l'humanité. Venez mon pere, dit-el-
le alors, avec une grace inimitable,
en se détournant pour cacher sa
rougeur á l'être qui la causait,
venez ; j'abandonne cet infortuné a votre longue expérience, je
ne puis étancher ce sang, et je

ne sçais point sonder cette blessure.

Ensuite cet être céleste s'assied
au pied d'un arbre, place Zima
sur ses genoux, baise, avec une
touchante amitié, son sein d'albâtre, pour l'avertir de le cacher a
d'autres yeux qu'aux siens, et
quand ce désordre de vêtement,
dont la Sultane trop agitée n'avait
pû encore s'appercevoir, se trouva réparé, elle se livre avec le
zèle le plus ingénieux et le plus
tendre a tous les soins que de-
mandait la playe profonde de sa
rivale.

Cependant le sang coulait tou-

jours à grands flots des deux blessures ; un pan entier de la robe
d'Éponine , découpé pour servir
de bandage, n'avait pù l'arrêter :
heureusement le philosophe dé-
couvrit des chênes antiques dans
la forêt , il trouva le moyen d'en
détacher un peu d'ágaric et l'ac-
tivité de ce spécifique suspendit
tout a fait l'hémorragie.

La fille du sage n'ignorait pas
qu'on ne peut s'assurer du danger d'une playe , que quand le
sang qui s'arrête permet de la
sonder ; parvenue a cette époque
terrible , elle attendait, la mort
dans le sein, que son pere la tirât

de sa fatale incertitude : toute occupée en apparence de la main mutilée de Zima , ses yeux inquiets allaient de tems en tems interroger l'ame du vieillard sur son visage. Quel moment pour cette ame aimante , quand un cri de joie , élancé du fond des entrailles paternelles , lui annonça que le coutelas n'avait pas pénétré jusqu'a la région du cœur ! il semblait a ses regards brûlants de reconnaissance , que le sage venait de lui donner une seconde fois la vie ; l'héroïne de ce moment parut cesser de s'occuper du chevalier , mais au fond c'était vraiment a lui que s'adressaient

1 4

les caresses touchantes dont elle se mit a accabler Zima : cet ange du ciel, condamné par sa vertu a s'ignorer toujours, ne remerciait la providence que du salut d'un amant, quand elle prodiguait le plus vif intérêt au malheur de sa rivale.

Au milieu de cette scène, qui aurait demandé, pour être rendue d'une manière digne d'elle, les pinceaux attachants d'Homère, ou de Fénélon, parut la voiture qui avait amené Éponine et le philosophe. Hâtez vous de fuir, dit celui qui la conduisait : un peuple nombreux s'assemble sur la grande route : a sa vûe, les hommes masqués ont disparu , mais les soldats de la brigade ont parlé : ils cherchent a la fois et leur chef et leur prisonnier ; croyés moi, quittons a l'instant des lieux sinistres que le voisinage de ce cadavre rend si dangereux: fuyons un peuple déchainé , qui cherche partout dans sa fureur , non des héros mais des victimes.

La fuite était évidemment commandée par le danger : mais comment l'exécuter? la voiture légère du philosophe, destinée a faire avec rapidité la route d'Orléans n'avait que deux places : le chef

valier et Zima affaiblis tous deux
par l'abondance du sang qu'ils a-
vaient perdu , avaient apeine la
force de tenter quelques pas dans
la forêt : d'ailleurs un pouvoir in-
vincible empêchait le vieillard et
sa fille de les abandonner ainsi a
leur destinée , quand même , par
cet abandon, ils ne les auraient pas
dévoués a la mort : les quatre personnages se regardaient donc tris-
tement, sans se fixer a aucun projet : seulement le conducteur dela
voiture, plus maitre de lui même ,
profita de l'intervalle de cette
cruelle incertitude , pour rom-
pre, avec une clef de ressorts , les
chaînes du chevalier, qui deve-

nu libre, alla baiser avec attendrissement la main du vieillard,
non comme son libérateur, mais
comme le pere d'Éponine.

Cependant les clameurs du
peuple, dispersé dans la forêt, com-
mencaient quoique de loin a se
faire entendre : tout-à-coup Éponine se lève, et addressant au sage
un regard ardent de tendresse,
un de ces regards qui commandent, alors qu'ils accompa-
gnent la priere, mon pere, dit
elle, le ciel et votre cœur m'ins-
pirent—

Eh bien ma fille—

I 6

Zima... et son jeune ami... sont les seuls des quatre. infortunés, dont le peuple demandera la tête.——

Je t'entens , Éponine, et j'allais te faire part du même projet.——

Éponine, transportée de joie, fit un mouvement pour se précipiter aux genoux de son pere, mais elle s'arrêta tout-à-coup , parce-qu'elle y vit le chevalier qui les baignait des larmes de la reconnaissance ; elle se tourne à l'instant du côté de la voiture, dont la portière était restée ouverte , y porte elle même la faible Zima , et fait signe au jeune infortuné de se placer à ses côtés : ensuite elle donne l'ordre au conducteur de prendre une route détournée, au travers du bois, et de se rendre avec la plus grande rapidité dans la capitale.

Au moment du départ, le vieillard et sa fille s'approchèrent des portières ; Éponine, les yeux baissés, recommanda au chevalier la blessure de Zima : le philosophe pria Zima de veiller à la blessure du chevalier ; tous les quatre s'attendrirent, les chevaux s'é-branlèrent et la voiture disparut.

L'héroïne et son pere restés

seuls , et voyant leurs vêtements
couverts de sang , se hâtèrent de
fuir le voisinage d'un cadavre, qui
pouvait déposer contre leur vertu ; ils apperçurent de loin un
taillis très épais qui pouvait leur
servir d'azile, et ils eurent le bonheur de l'atteindre , avant que les
soldats de brigade découvrissent
le corps et les armes de leur farouche officier , étendu sur la
poussière.

A force de tourner autour du
taillis , la clairvoyante Éponine
reconnut un faible sentier a peine frayé, qui , après une heure
de route , la conduisit dans une

espèce de grotte naturelle, voisine d'un torrent , et addossée contre une montagne.

Le torrent parut aux illustres fugitifs un bienfait de la providence , soit parce qu'ils avaient besoin d'étancher la soif ardente qui les dévorait , soit parceque son eau limpide leur offrait un moyen de faire disparaître de leurs vêtements ensanglantés, jusqu'aux dernières traces du meurtre le plus légitime , dont jamais ait pû s'honorer la vertu.

Tout en lavant la mousseline légère dont elle venait de se dépouiller , Éponine disait avec un souris dont rien n'égalait la grace: avouez, mon pere , que j'imite as- sés bien la princesse Nausicaa; je doute que, dans les tems héroï- ques, on blanchit ce tissu transpa- rent , avec autant de succès : si je n'ai pas la naissance de la fille du roi Alcinoüs, j'ai peut-être son adresse ; au reste que m'importe d'être née où non sur les marches d'un trône ? je ne changerais pas mon pere , tel que le ciel me l'a donné , contre tous les héros de l'Iliade——.

Combien j'aime ma fille, ce re- tour de ton antique serénité!

combien surtout elle me paraît
sublime dans ce jour terrible,
dont tu as vû l'aurore avec tant
d'inquiétude, dont le midi a été
si désastreux, et qui n'annonce
pas un soir tout à fait exempt
d'orage!—

Cette sérénité, je l'avoue, est
due a un mouvement d'orgueil,
qu'il m'est impossible de cacher
à mon pere, puisque je ne puis
le cacher à moi même : oui je suis
fière de tout ce que j'ai fait dans
ce jour mémorable ; j'ai osé ce
ce que le ciel même ne pouvait
exiger du cœur d'Éponine—

Avec quelle générosité en effet

tu as sauvé la vie de l'inquisiteur
des recherches !——

Il n'était plus, mon pere, un
inquisiteur farouche, quand la
vengeance le foulait aux pieds ; je
n'ai fait en le rendant a là vie et
au remords, que céder a la morale
de l'homme : c'est un service vulgaire, et je l'avais déja oublié——

Du moins mon Eponine ne perdra pas la mémoire, de ce que son
héroïsme lui a inspiré, pour sauver l'honneur de son amie——

Oh oui, mon pere, j'en atteste
le ciel : son ingénuité m'a perdue,
et elle est mon amie——

Sçais tu , Éponine, que quoiqu'elle ait, sans le sçavoir, déchiré ton cœur, elle a bien des droits
a ma tendresse : songe que même
avant toi elle a exposé sa vie, pour
sauver mon fils——

Votre fils !... quel mot , mon
pere , vient d'échapper de votre
bouche ! comme il embellit ce dé-
sert a mes yeux ! comme il vivifie
son éternel silence !... Mais je
m'égare... Et cette sensible Zima
qui a acheté par tant de courage
le droit de conjurer ma mort !...
Non: je ne partagerai avec personne le bonheur de vous appeller
mon pere——

Ah ! si Zima était née de moi, elle aurait plus de confiance sans doute——.

Pardon, pere sublime d'Éponine, je crois aux espérances enyvrantes de votre cœur, bien plus qu'aux sinistres pressentiments du mien. Votre tendresse ingénieuse vaincra peut-être le ciel et la nature ; mais quoiqu'il arrive, je serai digne de vous...je l'étais sans doute, il y a quelques heures, lorsque j'imaginai de mettre Zima seule, en présence de l'infortuné quelle adore, lorsque j'osai ne prendre d'autre garants de leur retenue que les premiers feux du chevalier, et la vertu de ma rivale—

Pendant cet entretien, le soleil avait disparu; le ciel commençait a pâlir, et le philosophe proposa a sa fille de prendre quelques heures de repos dans la grotte.

A peine se disposaient ils a y entrer, qu'ils virent une vache qui paissait dans le voisinage, en prendre la route : c'est le ciel qui nous l'envoye, dit Éponine: car l'aiguillon de la faim commence a se faire sentir, et quelques soyent les jouissances de l'âme, elles procurent rarement a mon age un paisible sommeil, quand on se couche sans souper.

Le philosophe, a la vûe de cet animal tranquille, qui prenait machinalement et par un instinct d'habitude, le chemin de la grotte, soupçonna qu'elle servait d'azile a quelque berger, pendant les chaleurs du jour : il chercha derriere les angles les plus saillants du rocher, et il y trouva en effet une calebasse vuide, une ècuelle d'argile sans anse, et, ce qui fit tressaillir de joie l'enfant de la nature, un morceau de pain bis et deux poires, entortillés avec propreté dans des brins de fougère.

Pendant ces recherches, Éponine faisait servir ses mains délicates a traire le lait de la vache; l'animal, comme s'il avait craint de la blesser, ne fit pendant longtems aucun mouvement, mais à un coup de sifflet qui se fit entendre au loin dans la forêt, il s'échappa en silence et disparut.

Éponine et son pere, assis sur un tapis de mousse et addossés contre les rochers en saillie, qui bordaient l'intérieur de la grotte, profitèrent de la lueur mourante du dernier crépuscule , pour faire avec du pain bis , du lait et des poires , un repas tel qu'ils n'en savourèrent jamais a la table somptueuse de l'empereur : tout en dévorant ces simples met de l'age d'or , ils se regardaient avec une serénité mélée d'attendrissement , et ces yeux interprétes de l'ame la plus pure , semblaient dire d'un côté ; JE SUIS FIÈRE D'ÊTRE NÉE DE PLATON , et de l'autre IL Y A QUELQU'ORGUEIL A SE DIRE LE PERE D'ÉPONINE.

Le festin patriarchal terminé , l'héroïne fit observer au sage , qu'en appaisant leur faim ils avaient violé une propriété, et ce qui la touchait le plus une propriété de l'indigence : alors elle tira de sa bourse quatre écus de six francs , les mit dans l'écuelle sans anse qu'elle enveloppa de fougère , et replaça le tout derrière l'angle du rocher : combien, dit elle, le berger à son retour bénira notre larcin ! je vois d'ici les bénédictions qu'il nous prodigue: endormons nous, mon pere, avec cette idée tutélaire ; voilà les jouissances qui rafraichissent les sens, dans le sein du sommeil.

PRELIMINAIRES

D'UNE

BONNE LÉGISLATION.

LE sage et sa fille furent réveillés par le ramage d'une fauvette, dont le nid était placé sur un des arbres qui couronnaient la partie supérieure de la grotte. Mon père, dit Éponine, j'en veux à cet oiseau, malgré la mélodie de ses chants ; il vient d'interrompre un songe, bizarre peut-être, mais qui, par un mélange piquant de

terreurs et d'espérances , capti-
vait délicieusément mon atten-
tion : nous ne croyons ni vous ni
moi aux songes : permettez cependant
à celui-ci de faire sourire un
moment votre austère raison.

La baguette de l'enchantement
venait de nous transporter tous
deux , dans une des isles de notre
Archipel : là , grace à vos lumières , mon pere , s'organisait un
des gouvernements les plus philosophiques des deux mondes , et
le peuple reconnaissant payait du
trône le grand bienfait de votre
législation. Vos regards détour-
nés , avec une indifférence ver-

K 2

tueuse , de l'éclat du rang suprê-
me, ne semblaient se fixer que sur
les peines secretes dont mon a-
me pouvait être atteinte ; mais
moi je triomphais, de la justice é-
clatante qu'on rendait à votre vertu : vous gémissiez pour moi, et
je régnais pour vous. Tout-à-
coup je vois s'élever , en face de
votre trône, une espèce de monument , qui tenait par son architecture , en partie du tombeau et
en partie de l'autel; il portait un
crêpe funèbre et deux couronnes : pendant que mon imagination cherchait a pénétrer le sens
de cet hyéroglyphe , un nuage
qui servait de fonds a la perspec-

tive se sépare, et je vois un Génie, tenant par la main deux personnages couverts d'un long voile, dont l'un me semblait le fils de l'autre, du moins à en juger par la taille et par les formes arrondies de l'adolescence. Les deux inconnus et moi, cédant à un mouvement involontaire, nous allâmes tour à tour essayer les couronnes; mais quoiqu'infiniment légères au toucher, du moment qu'elles atteignaient notre front, elles devenaient d'un poids énorme, et s'échappant de nos mains, elles allaient rouler avec fracas au pied du monument. *Voilà*, dit le Génie, *les dons heureux ou sinis-*

tres, que vous réserve le destin :
mais ils n'auront de valeur, que
du moment où ils seront placés
à la fois sur vos trois têtes :
c'est le crêpe seul qui donnera
du prix aux deux couronnes.
Je restais immobile de surprise,
ne pouvant prêter un sens raison-
nable à l'oracle ; l'enfant plus in-
telligent, parceque sans doute il
était plus généreux, s'élance plus
prompt que l'éclair, saisit le crêpe et nous tend les deux couronnes : ce fut un trait de lumière
pour l'inconnu et pour moi ; nous
nous jettons tous les deux, comme
de concert, sur le voile fatal, pour
disputer le prix du sacrifice ; alors

le Génie fait un signal, une vapeur d'ambrosie se répand dans la salle du trône, le crêpe disparait, et.... la fauvette me réveille.

Je crois, dit le sage, que ce rève phantastique occupera peu une ame aussi grande que celle de ma fille; s'il commence par une erreur brillante, il ne finira pas par une vérité terrible; va, mon Éponine, le crêpe funèbre n'est pas plus destiné a couvrir ta tête, qu'une couronne a peser sur la mienne, dans une principauté de l'Archipel——

Il est vrai, mon pere, qu'il y a

un peu loin de la vie errante
d'un proscrit, à la royauté : mais
enfin si le conquérant de Belgrade eut vécu, vous seriez peut-être
aujourd'hui souverain, dans quelque coin du Péloponèse : d'ailleurs vous avez tracé un Code,
dont la raison humaine peut s'è-
norgueillir, et s'il était jamais a-
dopté en Europe, ne pourrait on
pas dire que vous règneriez sur le
peuple qui s'honorerait de vos
loix ? car enfin il n'y eut jamais
de royauté plus étendue, ni j'ose
dire de plus légitime, que celle
des législateurs. En vérité, mon
pere, plus j'y réfléchis, moins je
trouve absurde le commence-

ment de mon songe; souffrez que
je rêve encore quelques instants
de votre royauté; j'ose même,
pour prolonger une illusion qui
me rend heureuse, vous engager
a profiter de ce silence de la nature, pour m'entretenir de vos
loix. La baguette de l'enchantement n'a pas encore perdu tout
son pouvoir, et je reste pour vous
entendre, dans votre principauté
de l'Archipel.——

Que me demandes tu Eponi-
ne ? es tu en ce moment assés
maîtresse de toi, pour concentrer ton entendement dans l'examen austère d'une législation ?

le héros qui t'est cher, Zima, le crêpe même, absorbent malgré toi toutes tes facultés——

.Oh non, quand je suis heureuse, je ne m'occupe que de vous : c'est lorsque mon cœur s'ouvre à quelque peine secrette, que je cède en rougissant aux impulsions étrangères, qui semblent me détacher un moment du plus tendre des pères ; ah ! parlez moi de votre Code, et ne faites pas l'injure à votre fille, de supposer que de petits intérêts individuels peuvent la distraire, quand on lui développe une théorie sur laquelle repose le bonheur du genre-humain——

Pendant ces combats de tendresse et de grandeur d'ame, les feux de l'aurore achevaient de dorer la partie du ciel, que le soleil allait embellir de sa présence ; il était tems de reprendre le chemin du taillis, pour regagner le côté de la forêt qui bordait la grande route, et le vieillard, prenant sa fille par la main, sortit avec elle de la grotte.

Après avoir marché un quart-d'heure en silence, Éponine baisant avec respect la main du sage, j'attens, dit elle, les oracles du législateur de l'Archipel.

Eh ! crois tu, ma fille, dit le

vieillard , qu'il suffise de dresser péniblement dans son cabinet un Code de loix , pour forcer un grand peuple a être heureux? crois tu que la rencontre d'un Lycurgue amène nécessairement celle des Spartiates?

Voilà l'écueil où vont se briser tous ces métaphisiciens , qui ayant plus d'amour du bien que de génie , plus de connaissance des livres que de la nature humaine , organisent des machines républicaines , où tous les rouages sont d'un poli éblouissant, mais qui ne sçauraient marcher : qui ont calculé la stérile admiration du du vulgaire pour leur ouvrage, mais jamais les frottements et les résistances qui en amènent la nullité.

Les hommes de nos trois mondes, Éponine, ont besoin de rencontrer des loix, mais les loix ont encore plus besoin de rencontrer des hommes.

Tu as vû le sol aride couvert de fragments de rochers, sur lequel la grotte que nous quittons est assise ; considère maintenant la terre du taillis que nous foulons aux pieds, cette terre imprégnée de sucs générateurs, qui ne de-

mandent que la vûe vivifiante du
soleil pour se développer : assurément la même culture , sur ces
deux surfaces si inégales, ne pro-
duira pas les mêmes résultats ; en
vain le cultivateur épuisera-t-il
sa sagacité dans le choix des germes , ce taillis abandonné a lui
même deviendra toujours le
triomphe de la végétation, et le sol
de la grotte restera toujours le
tombeau de la nature.

Les loix sont le germe du bonheur des empires ; mais ces empires tantôt reposent sur un sol
vierge qui appelle le bonheur
et la fécondité , tantôt n'ont pour

base qu'un assemblage informe de rochers , image de l'anarchie.

Avant d'ensemencer , avec de sages institutions, un sol que pousse la culture sociale , il faut donc l'y disposer lentement , et par une foule de travaux prélimi- naires : en un mot , avant de créer des loix , il faut, comme je l'ai dit, songer a créer des hommes.

C'est un des grands délits des législateurs de la France , d'avoir assés peu connu l'empire qu'ils a- vaient a régénérer , pour croire qu'il leur suffirait de dresser un Code informe , avec les fragmens

des livres des philosophes, pour
y assujettir a jamais tous les préjugés, toutes les opinions ; de
s'être flattés, en donnant un ver-
nis moderne aux apophtègmes
des anciens législateurs, de revi-
vifier tout d'un coup l'Athènes
d'Aristide et la Rome de Fabri-
cius.

A l'erreur de n'avoir point
donné a leur Code la perfection
de l'ensemble et la maturité de
la sagesse, ils en ont joint une autre aussi majeure, celle de n'a-
voir point préparé les esprits a
une doctrine qui contrariait toutes les idées reçues : la philoso-

phie leur reprochera à jamais d'avoir divinisé le faible ouvrage de leurs mains, et de l'avoir présenté tout d'un coup aux peuples, comme si c'était la Minerve Grecque sortie toute armée du cerveau de Jupiter.

Il fallait , si les régénérateurs avaient eû autant de génie que de zèle , qu'après avoir terrassé le colosse du despotisme , comblé l'abyme de la dette nationale, et posé sur la morale et le pacte social, les bases d'une bonne législation , il fallait, dis-je, qu'ils s'occupassent entièrement de l'éducation publique , et qu'ils dis-

L 3

posassent ainsi une génération nouvelle, a se nourrir de l'aliment généreux mais amer de la liberté, aliment qu'on ne digère qu'avec les légumes sans assaisonnement des Cincinnatus et le brouet-noir des Spartiates.

De cette considération , Éponine, il résulte une vérité cruelle, qui afflige singulierement ma sensibilité : c'est que la Constitution française, fut elle le chef d'œuvre de l'esprit humain , ne sçaurait de long-tems faire le bonheur de la France ; et moi même, eussai je tracé la plus parfaite des républiques, elle ne revivifierait peut-être pas, d'ici a un demi-siècle, une des principautés de l'Archipel.

Avant donc de donner à un état un Code de loix, voici quelle serait ma marche, pour justifier la confiance des peuples, et me rendre digne de voir mon nom cité à côté des beaux noms de Lycurgue, d'Anacharsis, de Locke, de Penn et de Wasington.

Je ne me proposerais point de faire en un jour, ce qui demande plusieurs années de tâtonnement à l'expérience la plus consommée en politique, parceque les

L 4

prodiges n'appartiennent plus qu'au monde des chimères ; ainsi je ne bâtirais point avec la lyre d'Amphion, les murs du temple de la liberté, et je craindrais même de renverser tout d'un coup l'édifice antique des préjugés, avec la trompette de Gédéon.

Quelle est la nature du peuple qu'il s'agit de ramener aux élémens du pacte social ? voilà le premier problême politique dont la solution occuperait mon intelligence.

L'état qui demande un Code est il tout neuf ? c'est une argile molle, où pénètre sans peine, ainsi que sans danger, le burin des loix : il ne faut point composer avec lui, pour lui donner des institutions sociales ; il sent trop le besoin impérieux d'un ordre quelconque, qui reprime toutes les tyrannies individuelles, pour songer a repousser le faisceau de lumières tutélaires que lui présente son législateur.

Si l'état organisé depuis long-tems, mais encore dans toute sa force, s'agite, avec l'instinct généreux de la liberté pour s'affranchir d'un gouvernement qui le rend malheureux, il est utile

L 5

de le préparer doucement à la
lutte terrible du pouvoir et de
la liberté qui s'éveille; car partout où la philosophie ne domine
pas encore, le pouvoir même
qui abuse est sacré pour la multitude; mais, quelque violente
que soit l'insurrection, comme
le peuple y a des mœurs, à peine
sera-t-il déchiré quelques moments par ses secousses : ce n'est
qu'en pliant sa tête indocile sous
le joug bienfaisant des nouvelles
loix, qu'il sentira le coup qui
met à mort son gouvernement.

Mais si l'état, affaissé par un lu-
xe révoltant et un égoisme dépra-

rateur, après avoir passé par tous
les périodes de la vie ordinaire
des empires, n'est plus que l'ombre de lui même, n'allons pas
jetter tout d'un coup un Code
de loix philosophiques, au milieu
des ruines de son antique constitution, et gardons nous de croire
qu'on régénère un peuple vers
sa tombe, de la même manière
qu'on l'organise a son berceau.

C'est ici qu'il faut l'expérience
la plus consommée dans l'art de
gouverner les hommes, l'absence de toute espèce d'enthousiasme, et surtout la vertu la plus pure, pour ne pas rendre une régé-

L 6

nération d'empire aussi fatale que son renversement.

Comme, dans un état ainsi dégradé, tout ce qui est peuple n'est pas fait pour un ordre de choses trop relevé, et qu'une partie de ce qui n'est pas peuple le redoute, il faut apprivoiser de loin la nation avec la crise de son renouvellement : car le passage du joug aveugle de la servitude, au joug raisonné des loix sera terrible, et si cette époque n'est pas instantanée, l'état sans ressorts périra en s'organisant.

Un régime préparatoire, d'après

les longs tâtonnements de l'expérience, est d'autant plus nécessaire pour guérir les blessures invéterées d'un empire, que pour opérer une cure radicale, il faut nécessairement recourir à l'instrument incisif de l'insurrection, instrument d'autant plus dangereux, qu'il ravive toutes les playes sans en assurer la guérison, et que, quand on le dirige mal, il tue sous le coup le corps politique dont il devait arrêter la cangrène.

A cet égard, le moyen le plus sûr pour prévenir les désastres de l'insurrection de la force, c'est de la faire précéder long-tems auparac

vant par l'insurrection des lumières.

Et cette dernière insurrection,
qui n'est autre chose que l'effet
d'une liberté de la presse, restrein-
te dans de sages limites, en éclai-
rant des administrateurs pervers,
sur le danger d'irriter une multitude qui apprend a secouer ses
chaînes, empêchera peut-être,
au moment de la crise, l'état de se
froisser douloureusement entre
le trône qui s'écroule, et un
grand peuple qui s'éveille.

L'insurrection populaire ainsi
préparée par l'insurrection des sa-

ges , tout porte à croire que le coup frappera à la fois toutes les têtes de l'hydre du despotisme , que tous les abus paraîtront en même tems a la lumière , ce qui est pour eux le signal de s'anéantir, et que la stupeur des pervers commandée par l'enthousiasme des gens de bien , peut frayer les voyes a une vraye régénération.

C'est dans ces circonstances orageuses et difficiles , que l'état exige impérieusement de ses législateurs qu'ils soyent de grands hommes : car si la masse des représentants de la nation , n'oppose aux talents des orateurs factieux qui la maitrisent, que de l'esprit sans profondeur et de la probité sans caractère, la patrie n'existera pour l'empire déchiré, que sur les mausolées de son Panthéon et dans les légendes de ses drapeaux.

Deux sortes d'ennemis, très opposés entre eux, viendront alors assaillir les régénérateurs, et le vaisseau de la république obligé de voguer entre Scylla et Charybde, ne devra qu'à l'expérience consommée, et surtout au sang-froid philosophique de ses Ulysses, d'éviter son naufrage.

Le premier écueil où l'état est

menacé de se briser, est offert
par cette foule de tyrans qui vivaient des abus de l'ancien régime ; tout est perdu, si les restau-
rateurs admettent deux poids et
deux balances : s'ils protégent le
peuple au dépens des infortunés
qui furent quelque tems ses oppresseurs : si, pour assurer la liberté des Plébéyens, ils violent
les propriétés des grands : si, abandonnant le soin de rendre leurs
concitoyens heureux, ils n'aspi-
rent qu'a la gloire atroce de les
venger.

Le second écueil, bien plus
dangereux encore, parce qu'il

est voilé par une espèce de civisme, ç'est l'éxagération des principes, qu'amène nécessairement
une révolution, ou le peuple
tout a coup devient libre par les
lumières.

A peine a-t-on détaché quelques pierres de l'énorme pyra-
mide du despotisme, qu'on s'i-
maginera avoir régénéré un gouvernement, et le manœuvre le
plus obscur de la révolution se
croira dans la Rome des Brutus,
ou dans la Sparte des Lycurgue
et des Léonidas.

L'histoire représente-t-elle les

grands qui entourent un trône,
sans cesse occupés a opprimer le
peuple? au premier éveil de la liberté, on proscrira a jamais tous
les grands, soit qu'ils ayent des
privilèges oppresseurs, soit que
modestes et obscurs, ils ne met-
tent leurs jouissances qu'a faire
des heureux : le despotisme Plé-
beyen empruntera la baguette de
Tarquin, pour abbattre sans dis-
tinction toutes les tiges de la société qui lui font ombrage, et on
exigera que tout soit peuple, depuis le trône jusqu'a la chaumière

Cet empire a-t-il gémi de la tyrannie d'un Louis onze? on con-

damnera le digne héritier d'un
Henry-quatre, a vieillir dans une
nullité ignominieuse, sans corres-
pondance utile avec les rois, et
sans avoir même le dtoit de gémir
sur les malheurs de ses sujets, de-
venus ses égaux.

J'appuye, Éponine, sur les i-
dées sans base de ces éxagérateurs,
parceque ce sont de vrais délits
dans l'ordre politique : parcequ'une imagination exaltée que
la multitude divinise, fait plus de
mal que des conjurations qui se
trament dans l'ombre et dont on
se défie : parceque des hommes
qui parlent de la liberté avec la

frenésie des énergumènes et l'incohérence des oracles , la détrui-
sent plus surement , que des despotes exilés avec leurs manifestes
et leurs bayonnettes.

Ce sont ces coupables éxagérateurs qui , avant qu'un Code de
loix soit fait , feront jurer a vingt
cinq millions d'hommes, qu'ils ne
peuvent être heureux que par lui;
et qui lorsque cet ouvrage n'existe encore qu'en germe informe ,
dans les têtes éparses des régénérateurs , le déclareront solemnel-
lement le Palladium de la monarchie.

Ce sont eux qui , lorsque le

Code sera terminé, en voileront
les défauts avec leur fanatisme ,
qui déclareront coupable de lèze-
Patrie tout homme de bien , dont
un tissu incohérent d'institutions
sublimes et de loix sauvages, n'ex-
citera pas l'enthousiasme, comme
la raison pure et sans alliage des
Socrate et des Marc-Aurèle.

Ce sont eux enfin , qui , ayant
le civisme dans la tête encore plus
que dans le cœur , s'honoreront
d'une foi aveugle pour un Évan-
gile politique que la raison est
bien loin d'avoir revélé, et qui ,
dans leurs accès d'idolâtrie, feront
retentir les voutes du temple de

la liberté de ces mots peu réfléchis : LA CONSTITUTION TELLE
QU'ELLE EST OU LA MORT, comme
si la raison n'excluait pas essentiellement la foi ! comme si l'infi-
ni ne séparait pas l'homme a tête
exaltée, qui appelle la mort quand
il n'y a point de péril, et les héros
qui comme d'Assas ou les trois
cents Spartiates, à la vûe du danger de la Patrie, vont mourir en
silence à Clostercamp où aux
Thermopyles !

Voilà donc les premiers devoirs
des législateurs, appellés après la
secousse d'une insurrection, a
régénérer un état qui se précipite

vers sa décadence : c'est d'être justes à la fois et généreux envers les vaincus, pour leur faire chérir le nouvel ordre de choses : c'est de sauver la patrie naissante de sa subversion, en repoussant les coupables éxagérations des vainqueurs.

Ces deux ancres ainsi jettées au milieu de la mer des tempêtes, on peut songer a réparer les ruines du vaisseau de la république.

Si les pilotes ont quelque génie, ils ne s'aviseront pas d'adapter un gouvernail neuf aux débris mal liés d'une caréne entrouverte te ; où, pour parler sans emblême, une assemblée nationale ne donnera pas tout de suite à des hommes dégénérés des loix parfaites, tracées péniblement dans l'entendement du philosophe : mais elle commencera par tirer des anciennes institutions, tout ce qui peut servir a la régénération universelle : elle prendra jusqu'aux élémens d'une administration tyrannique , pour sapper la tyrannie dans ses fondements.

Toutes les législations de la terre , même celles dont le despotisme royal et le sacerdoce ont le plus abusé , reposent également sur la morale de la nature ; ainsi je chercherais l'esprit primitif des institutions les plus perverses, et j'en tirerais un système raisonné de mœurs, qui amènerait doucement et sans secousse, un nouveau système de loix.

Poser les bases éternelles d'une Constitution, et les poser avec assés d'addresse pour qu'il n'y ait pas une dissonance trop marquée avec le Code que la philosophie veut abroger, voilà l'unique service, qu'au moment d'une révolution, un état dégradé a droit d'attendre de ses régénérateurs.

De ces bases posées avec sagesse, résulte la chute naturelle de toute institution oppressive , la revivification du trône et l'énergie rendue a la puissance centrale, dont toutes les autres doivent émaner, dans une monarchie.

Il faudrait en même tems fixer une époque où la nation , librement représentée, statuerait sur son Code local , sur ce Code qui tient essentiellement à son sol, à ses mœurs, à ses rélations avec les puissances qui l'environnent : ouvrage immense, qui demande pour le plan primitif la tête de Locke, et pour l'architecture des détails, la sagacité des Beccaria,

M 2

des Filanghieri et des Montes-
quieu.

L'intervalle des deux assemblées constituantes , de celle qui
poserait les bases de toutes les législations, et de celle qui statuerait
sur le Code national , cet intervalle, dis-je, serait rempli par l'es-
sai d'une théorie d'éducation
philosophique, destinée a former
une génération de sages , et a re-
vivifier ainsi par les racines, un arbre dont la tige et les branches
annoncent la décrépitude.

C'est aussi dans cet intervalle,
que les philosophes de l'Europe

entière seraient invités a écrire
sur le Code national : car la seconde assemblée des régénérateurs ne doit pas être législatrice,
elle ne doit , comme je l'ai déja
dit, que statuer sur la législation.

Je sçais que chés un peuple a-
bâtardi, mais qui s'honore d'un
siècle de lumières , on mettra au
nombre des théorèmes de la politique , que du moment que des
hommes d'état sont rassemblés, ils
peuvent tout entreprendre en
ouvrages de génie et tout éxécuter ; gardons nous d'adopter un
si étrange paradoxe. Les ouvrages
de génie se font dans le silence

M 5

du cabinet, et non dans le tumulte des assemblées que la multitude des votants rend essentiellement populaires. D'ailleurs tout
monument soit philosophique
soit littéraire, qui exige beaucoup
d'ensemble, de la supériorité
dans les vues, et surtout une filia-
tion heureuse dans les idées, ne
sçaurait être érigé que par le génie individuel; l'esprit des loix ne
serait pas plus éxécuté par un
corps de législateurs, que la Cos-
mogonie de Newton, par une société de physiciens, où l'Iliade
par une académie——

Le sage parlait encore, quand

arrivé au détour du taillis, d'où
l'on découvait la grande route, il
vit venir à lui avec précipitation
l'officier de Belgrade.

A l'instant l'entretien sur la législation se rompit : on discute
peu, quand on est profondément
ému, et c'est dans l'ame que ré-
side alors l'entendement.

Le récit de l'officier fut bien
loin de troubler les jouissances
pures, que le ciel promettait ce
jour là à la jeune héroïne, et dont
elle avait pour garant sa vertueuse sérénité.

Elle apprit que le premier soin

du chevalier, en descendant à la maison de son pere, avait été d'entourer Zima de ses propres esclaves pour la veiller pendant la nuit, et la protéger soit contre les atteintes de sa douleur physique, soit contre son imagination ardente, dont les effets étaient encore plus dangereux : ce trait de délicatesse n'échappa pas à son cœur : mais combien sa surprise redoubla, quand, montant dans sa nouvelle voiture, elle apperçut le chevalier lui même, qui lui tendait sa main défaillante, pour la placer à côté du philosophe !

FIN DU HUITIÈME VOLUME.

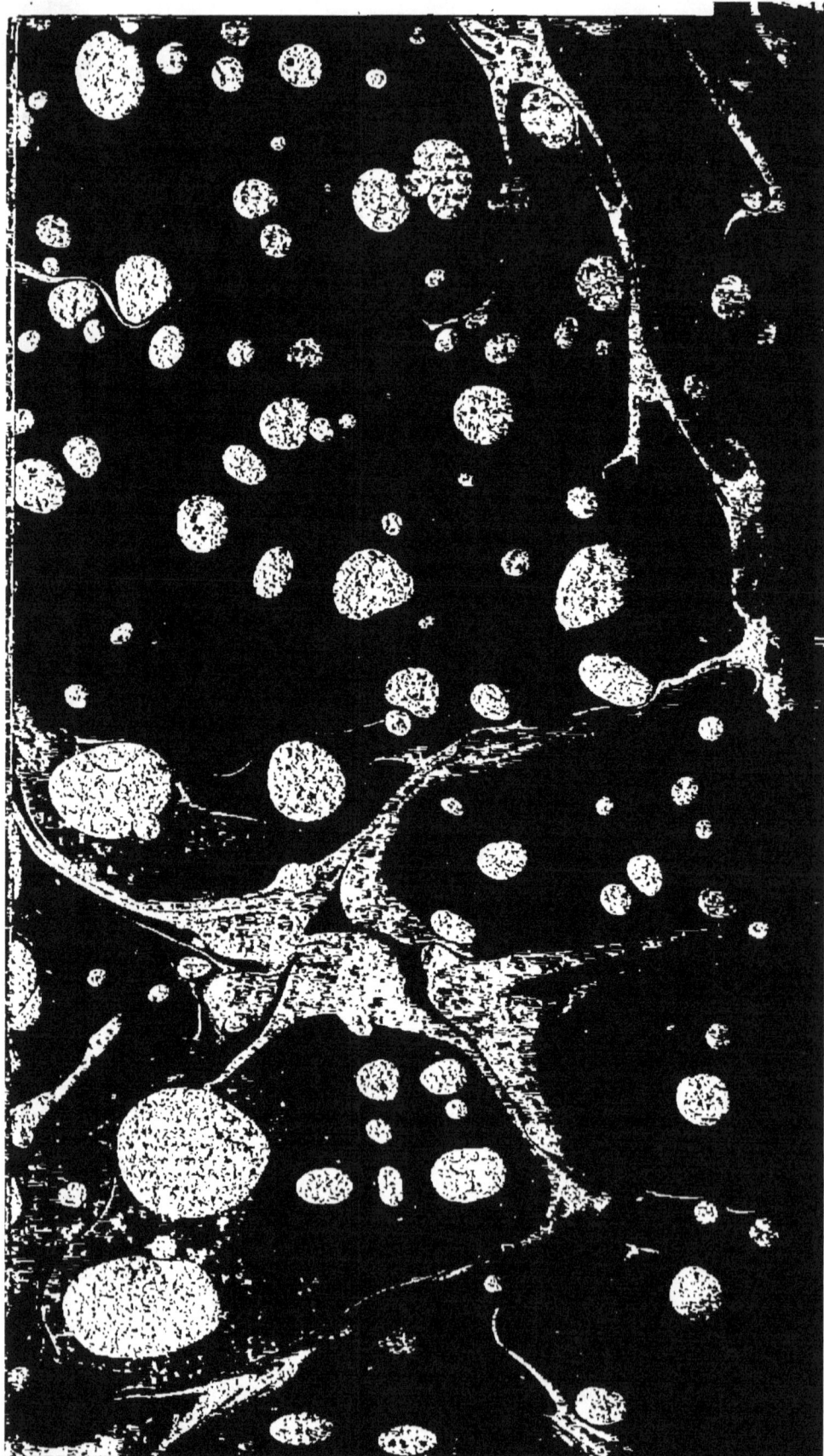

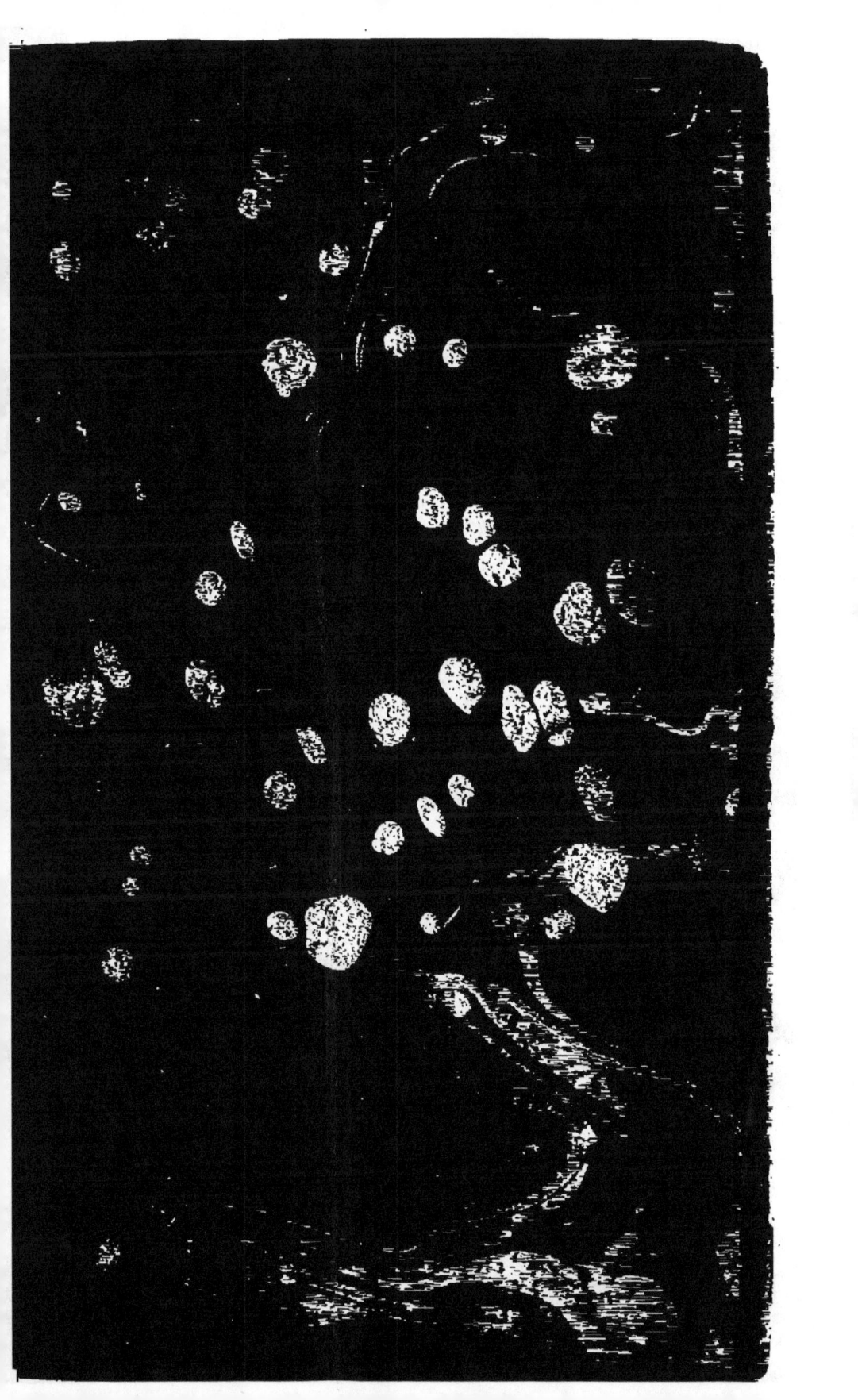

www.ingramcontent.com/pod-product-compliance
Lightning Source LLC
Chambersburg PA
CBHW071116280326
41935CB00010B/1030